MARCO POLO

AZOREN

Azoren
(Portugal)

ATLANTISCHER OZEAN

Madeira
(Portugal)

Kanarische Inseln
(Spanien)

MARCO POLO AUTORIN
Sara Lier
Die Studienreiseleiterin reist regelmäßig auf die Azoren und freut sich jedes Mal aufs Neue über die üppige Natur und die herzlichen Begegnungen mit den Menschen. Sie liebt es, die Inseln auf Wanderungen zu erkunden und in die Unterwasserwelt abzutauchen. Besonders faszinieren sie die kleinen Inseln, auf denen es weniger Einwohner gibt als in „ihrer" Straße in ihrer Wahlheimat Lissabon.

REIN INS ERLEBEN

Mit dem digitalen Service von MARCO POLO sind Sie noch unbeschwerter unterwegs: Auf den Erlebnistouren zielsicher von A nach B navigieren oder aktuelle Infos abrufen – das und mehr ist nur noch einen Fingertipp entfernt.

Hier geht's lang zu den digitalen Extras:

http://go.marcopolo.de/azo

Touren-App

Ganz einfach orientieren und jederzeit wissen, wo genau Sie gerade sind: Die praktische App zu den Erlebnistouren sorgt dank Offline-Karte und Navigation dafür, dass Sie immer auf dem richtigen Weg sind. Außerdem zeigen Nummern alle empfohlenen Aktivitäten, Genuss-, Kultur- und Shoppingtipps entlang der Tour an.

HTTP://GO.MARCOPOLO.DE/AZO

Update-Service

Immer auf dem neuesten Stand in Ihrer Destination sein: Der Online-Update-Service bietet Ihnen nicht nur aktuelle Tipps und Termine, sondern auch Änderungen von Öffnungszeiten, Preisen oder anderen Angaben zu den Reiseführerinhalten. Einfach als PDF ausdrucken oder für Smartphone, Tablet oder E-Reader herunterladen.

SYMBOLE

 Insider-Tipp

★ Highlight

 Best of …

☼ Schöne Aussicht

 Grün & fair: für ökologische oder faire Aspekte

(*) kostenpflichtige Telefonnummer

PREISKATEGORIEN HOTELS

€€€ über 100 Euro

€€ 50 – 100 Euro

€ bis 50 Euro

Die Preise gelten pro Nacht für ein Doppelzimmer ohne Frühstück

PREISKATEGORIEN RESTAURANTS

€€€ über 12 Euro

€€ 8 – 12 Euro

€ bis 8 Euro

Die Preise gelten für ein dreigängiges Menü ohne Getränke

GUT ZU WISSEN
Geschichtstabelle → S. 14
Spezialitäten → S. 28
Es blubbert und brodelt → S. 70
Bunte Kapellen → S. 89
Stierkampf an der Leine → S. 90
Feiertage → S. 121
Was kostet wie viel? → S. 125
Bücher & Filme → S. 126
Wetter → S. 128

KARTEN IM BAND
(136 A1) Seitenzahlen und Koordinaten verweisen auf den Reiseatlas
(0) Ort/Adresse liegt außerhalb des Kartenausschnitts
Es sind auch die Objekte mit Koordinaten versehen, die nicht im Reiseatlas stehen

Karte von Angra do Heroísmo → S. 88

(*A–B 2–3*) verweist auf die herausnehmbare Faltkarte
(*a–b 2–3*) verweist auf die Zusatzkarte auf der Faltkarte

UMSCHLAG VORN:
Die wichtigsten Highlights

UMSCHLAG HINTEN:
Stadtplan von Ponta Delgada (São Miguel)

Die besten MARCO POLO Insider-Tipps

Von allen Insider-Tipps finden Sie hier die 15 besten

INSIDER TIPP **Verwunschener Wald**

Der Mitte des 19. Jhs. von José do Canto am Südufer des Furnassees angelegte Waldpark *Mata José do Canto* ist noch nicht lange der Öffentlichkeit zugänglich – verschlungene Wege führen abseits des Rummels von Furnas bis zu einem malerischen Wasserfall → S. 34

INSIDER TIPP **Kunst in der Fabrik**

Im frisch eröffneten *Centro de Artes – Arqupélago* in der alten Tabakfabrik von Ribeira Grande gibt es tolle Kunstausstellungen in historischem Industrieambiente, und vom Dachterrassencafé haben Sie eine wunderbare Aussicht bis zum Meer → S. 47

INSIDER TIPP **Köstlicher Krake**

Langsam verfärbt sich die Bucht von Anjos im Abendlicht. Und während Sie aus dem Fenster der Bar dos Anjos hinaus aufs Meer schauen, bereitet Ihnen die Köchin einen fabelhaften *Oktopus (polvo)* zu → S. 58

INSIDER TIPP **Farbenfrohes Kapitänshaus**

In der Casa do Capitão an der Nordküste Faials hat jedes Zimmer eine andere Farbe. Besonders schön hat der Künstler und Hausherr Jorge das *Rosa Zimmer* gestaltet → S. 69

INSIDER TIPP **Steak mit Aussicht**

Die loungige XF Bar serviert die besten *bifes* Faials, und das mit Pico-Blick. Am leckersten ist das *Steak mit Waldfruchtsauce (frutos silvestres)* → S. 69

INSIDER TIPP **Rustikale Leckereien**

Im Natursteinrestaurant *Quinta das Grotas* auf Graciosa werden Ihnen die Meeresfrüchte im Tonziegel geschmort, besonders köstlich ist die Telha de Marisco → S. 86

INSIDER TIPP **Wilde Buchten**

Die raue Küstenlandschaft im Norden Terceiras erwandern: ein abwechslungsreicher Pfad führt Sie in die spektakulären Buchten der *Baías da Agualva* → S. 90

INSIDER TIPP **Geheime Höhle**

Oberhalb von Madalena gibt es eine etwas versteckte, aber frei zugängliche Höhle. Ein paar Stufen führen an Riesenfarnen vorbei hinab in die *Furna Frei Matias* → S. 73

INSIDER TIPP **Café am Ende der Welt**

Kaffee wächst nur im Hochland? Von wegen! Familie Nunes pflanzt ihn auf Meeresniveau, in der abgelegenen Fajã dos Vimes auf São Jorge. Kosten Sie die Bohnen im hauseigenen *Café Nunes*! → S. 77

INSIDER TIPP **Süßes aus der Beere**

Aus wilden Brombeeren (Foto li.) wird auf Pico ein köstlicher Likör hergestellt. Im Lädchen in Cachorro können Sie den *Licor de Amora* und andere Tropfen kosten → S. 74

INSIDER TIPP **Teich mit Wasserfällen**

Versteckt im Wald nahe der Westküste von Flores liegt der von grünen Wänden umgebene Teich *Poço da Alagoinha*, in den sich mehrere Wasserfälle ergießen → S. 98

INSIDER TIPP **Wandern im Vulkan**

Nicht selten liegt der Caldeirão, Corvos Vulkankrater, in den Wolken. Ist er frei, können Sie die phantastische, in allen Grüntönen schimmernde Landschaft am besten auf dem *Wanderweg PR2* erkunden → S. 96

INSIDER TIPP **Walwissen**

Wie groß wird ein Pottwal? Im *Museu Cachalotes e Lulas* in Madalena (Pico) gibt es ein Modell, und Sie erfahren noch einiges mehr über die Meeressäuger → S. 72

INSIDER TIPP **Paddeln zwischen grünen Wänden**

Treiben Sie im *Kajak* über die Kraterseen von Sete Cidades und lassen Sie die Landschaft des Vulkankraters auf sich wirken! (Foto u.) → S. 118

INSIDER TIPP **Tanzen, bis es bebt**

Beim *Tremor-Festival* in Ponta Delgada werden Cafés, Läden, Theater, Bars und andere Locations – mit angesagten DJs und Musikern – zu rockenden Konzert-Venues → S. 120

BEST OF ...

TOLLE ORTE ZUM NULLTARIF
Neues entdecken und den Geldbeutel schonen

SPAREN

● Süße Früchtchen
Manche der Ananasplantagen auf São Miguel öffnen ihre Gewächshäuser für Besucher. Vom Steckling bis zur reifen Frucht sind die Wachstumsstadien der Bromelienpflanze zu sehen. Bei *Arruda* in Fajã de Baixo können Sie sogar kostenlos einen Ananaslikör probieren → S. 44

● Gewaltige Festung
Als die Spanier Ende des 16. Jhs. begannen, Portugal mitzuregieren, legten sie am Hang des Monte Brasil auf Terceira eine riesige *Festungsanlage* an – zum Schutz vor Piraten, aber auch vor der lokalen Bevölkerung. Heute ist dort Militär stationiert, die Soldaten führen Sie aber gern zu Bollwerken, Zisterne und zur Johanneskirche → S. 89

● Schwefeldampf aus der Tiefe
Die *Furnas do Enxofre* auf Terceira demonstrieren anschaulich, wie aktiv die Erde auf den Azoren ist. Ein hübsch angelegter, kostenloser *Holzpfad mit Erklärtafeln* führt durch das von Schwefeldämpfen geprägte Terrain (Foto) → S. 92

● Familiäres Weinmuseum
Luis und Maria Brum zeigen im *Museu do Vinho* in Biscoitos (Terceira) Gegenstände aus dem Winzeralltag. Im Garten sehen Sie viele Rebsorten. Auch Weinkeller und Destille sind kostenlos zu besichtigen → S. 90

● Modernes Naturparkzentrum
Das *Ecomuseu Casa do Parque* auf São Jorge informiert anschaulich über die Schätze des Naturparks der Insel, über die Entstehung der *fajãs* und das Leben der Menschen dort – ein Museumsbesuch ganz gratis → S. 78

● Naturpool mit Lavakunst
In der im Sommer von Rettungsschwimmern bewachten Badeanlage *Varadouro* auf Faial gibt es neben einem natürlichen Kinder- und Erwachsenenbecken auch Zugänge ins offene Meer. An einem Basaltfelsen hat der Bildhauer José Pereira ein steinernes Kunstwerk geschaffen → S. 67

●●●● Diese Punkte zeichnen in den folgenden Kapiteln die Best-of-Hinweise aus

● Kochen unter der Erde

In heißen Erdlöchern bei Furnas auf São Miguel gart der typische *cozido*, ein deftiger Eintopf aus Fleisch, Kohl, Karotten und Kartoffeln. Schauen Sie in der Mittagszeit zu, wie die großen Töpfe aus der Erde gezogen werden → S. 34

● Tee in Europa

An der Nordküste São Miguels wird Tee angebaut (Foto) – fast einmalig in Europa. Auf den Plantagen *Chá Gorreana* und *Chá Porto Formoso* erfahren Sie, wie aus den Blättern der Kamelienpflanze mithilfe beinahe musealer Maschinen Tee entsteht → S. 51

● Feiern für den Heiligen Geist

Die ursprünglichsten *Heiliggeistfeste* finden Sie in den Sommermonaten auf Santa Maria, die buntesten Heiliggeistkapellen auf Terceira → S. 89

● Geheimnisvoll verhüllt

A montanha do Pico, der höchste Berg Portugals, verhüllt sich gerne mit Schal, Hut oder einem kompletten Wolkenschleier. Wenn der *Pico Alto* – so der offizielle Name des Bergs – sich jedoch in seiner vollen Pracht zeigt, können Sie gar nicht aufhören, ihn anzuschauen → S. 72

● Wein auf Lavafeldern

Die Vorfahren der Bewohner der Weinregionen auf Pico, Graciosa und Terceira ackerten ganz schön, um die mit Lavasteinen übersäten Terrains zu bepflanzen. Staunen Sie z. B. in der *Zona de Adegas* auf Pico, wie auf winzigen Parzellen die Reben über schwarze Steine ranken → S. 74

● Abgelegene Idylle

Unterhalb der Steilküsten gibt es auf manchen Inseln *fajãs*, Schwemmflächen aus Abbruchmaterialien oder Lavazungen. Viele erreichen Sie nur über steile Wanderwege, auf anderen gibt es winzige Siedlungen. Erleben Sie diese Naturidylle pur, etwa im Norden São Jorges! → S. 78

● Action unter und über Wasser

In azorianischen Gewässern lassen sich im Sommer viele Tiere bestaunen – sei es bei *Whalewatching-Touren* zur Wal- und Delphinbeobachtung, bei *Tauchgängen* (in Horta ist beides möglich!) oder beim *Schnorcheln* in den natürlichen Meeresschwimmbecken → S. 69, 116

TYPISCH

BEST OF ...

REGEN

● Unter die Erde

Wenn es oben schüttet, wird es unter der Erde nur tröpfeln. Auf mehreren Inseln gibt es spannende Höhlen, sogenannte Lavatunnel, zu besichtigen. Sehr sehenswert: Führungen in der *Gruta do Carvão* in Ponta Delgada oder der *Gruta das Torres* auf Pico → S. 39, 72

● Shoppen und schlemmen

Im einzigen Einkaufszentrum der Azoren, dem *Parque Atlântico* in Ponta Delgada, finden Sie bis spät am Abend alles, was das Shoppingherz begehrt. Man trifft sich auch zum Essen oder vor dem Kinobesuch – im einzigen Kino der Azoren → S. 43

● Baden im warmen Meer

Bei Ferraria auf São Miguel mischt sich heißes Quellwasser mit dem kühlen Meer, bei Ebbe lässt es sich auch bei Regen in dem kleinen *Meerespool* gut aushalten – sofern die Brandung nicht zu stark ist → S. 45

● Der jüngste Vulkan

Das geschickt unter der Erde versteckte Vulkanmuseum *Centro de Interpretação do Vulcão dos Capelinhos* auf Faial zeigt, was bei den Ausbrüchen 1957/58 passierte und wie der „Neue" entstand (Foto) → S. 64

● Alte Walfabrik

Bis 1974 wurden in der Bucht von Porto Pim Pottwale zu Ölen, Schmiermitteln und Tiermehlen verarbeitet. Die alten Öfen und Maschinen sind in der *Fábrica da Baleia* zu besichtigen. Wem die Filme und Fotos zu blutrünstig sind, der kehrt in der Snackbar Fábrica ein → S. 65

● Alles Käse

Bei Mistwetter öffnet die *Käsefabrik Uniqueijo* in Beira Ihnen ihre Pforte. Es wird gezeigt, wie der berühmte Queijo de São Jorge produziert wird – und hinterher gibt's ihn zu probieren → S. 81

ENTSPANNT ZURÜCKLEHNEN
Durchatmen, genießen und verwöhnen lassen

● **Heiße Pools**
Paradiesisch: Umgeben von Bäumen und Farnen liegen Sie auf der Insel São Miguel im heißen Wasser und lassen sich vom fließenden Nass massieren – in der *Poça da Dona Beija* in Furnas (Foto) oder in der *Caldeira Velha* oberhalb von Ribeira Grande ❯ S. 35, 49

● **Thermalbad mit Stil**
Das ehemalige Kurhaus von Furnas hat sich in das moderne *Furnas Spa Hotel* mit hervorragendem Spabereich verwandelt. Das Restaurant verwöhnt Ihren Gaumen, die Massagetherapeuten Ihren Körper und das Baden in den Thermalpools Geist und Seele → S. 35

● **Aussichtsreicher Garten**
Im Jardim Duque da Terceira wandeln Sie unter riesigen Magnolien oder im ehemaligen Klostergarten, das *Café Casa do Jardim* lädt zu Bioköstlichkeiten ein und am oberen Ende können Sie am Obelisk des Alto da Memória die wundervolle Aussicht über Angra genießen → S. 89

● **Teelounge für Genießer**
Im holzvertäfelten Teehaus *Casa Chá* in Horta können Sie zwischen fast 100 Tees wählen, dazu gibt es selbst gebackenen Kuchen von Mama. Scheint auf Fajal die Sonne, möchten Sie den lauschigen Garten oder die Dachterrasse mit Pico-Blick gar nicht mehr verlassen → S. 67

● **Herzliche Atmosphäre**
Die Wände der Zimmer der *Casa do Capitão* auf Faial wurden vom sympathischen Hausherrn eigenhändig bemalt, der Garten mit viel Liebe zum Detail angelegt. Die Bibliothek lädt zum Schmökern ein → S. 69

● **Wohnen im Zauberwald**
Die Steinhäuser der *Aldeia da Fonte* an Picos Südküste liegen in einem märchenhaften Park aus Bäumen und Lavasteinen. Im Zen-Raum oder am Meerwasserpool lässt es sich wunderbar entspannen, das hauseigene Restaurant Fonte Cuisine verwöhnt Gäste mit kulinarischen Leckerbissen → S. 76

AUFTAKT

ENTDECKEN SIE DIE AZOREN!

Einige Zeit haben Sie nur das Blau des Meeres unter oder um sich, je nachdem ob Sie mit dem Flugzeug oder mit dem Segelschiff zu den Azoren reisen. Dann plötzlich erscheinen wie aus dem Nichts *kleine grüne Eilande*, beim Näherkommen werden *schroffe Felsküsten*, einladende Buchten, pittoreske Ortschaften mit schwarz-weißen Dorfkirchen, Kühe und *Kraterseen* sichtbar, und Sie beginnen zu erahnen, was für ein phantastisches Fleckchen Erde Sie bald kennenlernen werden. Ein *einzigartiges Naturparadies!* Wenn Sie das sogenannte *triângulo* ansteuern, das Inseldreieck Faial, Pico und São Jorge, werden Sie bei wolkenfreiem Himmel von Portugals höchstem und beeindruckendstem Berg begrüßt: dem Pico. Die Landung, vor allem auf den kleineren Inseln, kann schon mal etwas wackeliger ausfallen: Die Azoren liegen nun mal mitten im Atlantik, und hier hat immer das *Wetter* das letzte Wort.
Von wegen Azorenhoch! Das in Mitteleuropa so beliebte Hochdruckgebiet entsteht zwar in der Nähe der Azoren, macht sich dann aber mit den Westwinden auf den Weg, um das schöne Wetter nach Deutschland zu schicken – auf den Inseln bleibt das typische, wechselhafte Azorenwetter zurück. Hier müssen Sie mit allem rechnen, aber gerade das macht den Reiz dieser Inseln aus. Eine oft gehörte Redensart sagt:

Einsturzkrater – Caldeiras – wie hier auf Corvo finden Sie überall auf den Azoren

Wenn dir das Wetter nicht gefällt, dann warte eine halbe Stunde! Und tatsächlich: Verschwand eben noch alles in *dicken grauen Regenwolken*, strahlt kurz danach die *Sonne vom blauen Himmel*. Manche sagen sogar, auf den Azoren finde man alle Jahreszeiten an einem Tag. Das stimmt aber nur zum Teil, denn Schneefall gibt es nur in den Wintermonaten auf den Höhen des Pico. Ansonsten erwarten Sie dank der Lage inmitten des Atlantiks und am Südrand des Golfstroms *ganzjährig milde Temperaturen*. Sie sinken in Küstennähe selten unter 10 Grad; im Sommer wird es hingegen über 25 Grad warm und aufgrund der hohen Luftfeuchtigkeit oft auch schwül. Für unbeliebte Überraschungen sorgen manchmal kräftige Winterstürme, starke Regenfälle und Nebelwolken. Die *winterlichen Wetterkapriolen* führen dazu,

Von wegen Azorenhoch – wildes Wetter!

1427
Diogo de Silves entdeckt die Ost- und Zentralgruppe

1432
Heinrich der Seefahrer lässt die Ostgruppe besiedeln

1452
Diogo de Teive entdeckt Flores und Corvo

1534
Angra erhält das Stadtrecht und wird Bischofssitz

1580–1640
Portugal wird von Spanien fremdregiert. Die Azorianer leisten bis 1583 Widerstand

ab 1830
Amerikanische Walfangflotten heuern azorianische Arbeitskräfte an

dass sich die *Reisesaison* – abgesehen von São Miguel, das mit seinen heißen Badestellen auch im Winter attraktiv ist – auf die Sommermonate konzentriert. Im Winter stellen viele Fähren den Betrieb ein, einige Sehenswürdigkeiten sind geschlossen, und so mancher Wanderweg versinkt im Matsch. Dafür haben Sie manche Inseln dann fast für sich allein! Wer aber *Hortensien* blühen sehen, ein Bad im einigermaßen warmen Atlantik nehmen und sich bei den unzähligen Dorffesten unter die *feiernde Bevölkerung* mischen möchte, der reist zwischen Mai und Oktober auf die Azoren.

Verkündet ein Festlandsportugiese, er besuche die Azoren, hat er wahrscheinlich einen Flug nach Ponta Delgada gebucht. Die meisten Besucher steuern nur São Miguel an. Die *Hauptinsel* ist dank der internationalen Flugverbindungen nicht nur am besten angebunden, sie bietet aufgrund ihrer Größe und der vielfältigen Landschaft auch genügend Programm für einen ganzen Urlaub. Es gibt viel zu entdecken: die Hauptstadt Ponta Delgada, *Kraterseen, heiße Quellen, üppige Gärten* aus den Zeiten der Orangenbarone, schwarze Sandstrände – und neben unzähligen Viehweiden viele exotische Anbauprodukte. Doch es wäre falsch zu denken, dass Sie damit „die Azoren" besucht haben. Besuchen Sie unbedingt noch weitere Inseln! Denn jede hat ihre Besonderheiten

> **Wer nur nach São Miguel fliegt, hat nicht „die Azoren" besucht**

– vielleicht planen Sie einfach eine weitere Reise für weitere Erkundungen. Für Ihren *Überblick*: Zur Westgruppe gehören Flores und Corvo, zur Ostgruppe Santa Maria und São Miguel, zur Zentralgruppe Faial, Pico, São Jorge, Terceira und Graciosa.

1864 Nach Schädlingsbefall der Orangen- und Weinernten wird die Ananas neues Exportprodukt

1893 Beginn der Verlegung von Seekabeln, Horta wird Relaisstation für die transatlantische Nachrichtenübertragung

1957/58 Auf Faial entsteht der Capelinhos-Vulkan

1976 Die Azoren werden zur Autonomieregion

1980 Ein Erdbeben zerstört die Stadt Angra

Auf den Azoren finden Sie weder All-inclusive-Hotels noch Sangria-Eimer unter Palmen. Die Inseln sind kein billiges Reiseziel, die Hotel- und Mietwagenpreise entsprechen in etwa den deutschen, und die Flüge sind ziemlich teuer, vor allem wenn Sie zwischen mehreren Inseln hin- und herfliegen möchten. Dafür sind Essen und Trinken, Fährtickets und viele Eintritte erstaunlich günstig. Und tatsächlich unbezahlbar ist die phantastische Natur. Wenn Sie die Landschaften der Inseln mit anderen Zielen vergleichen möchten, kommen Sie vielleicht auf eine *Mischung aus Island, Irland, den Kanaren, Hawaii, Neuseeland und dem Allgäu*. Es gibt sehr, sehr viel Grün. Oft so weit das Auge reicht oder bis es vom Blau des Meeres abgelöst wird, das

Sehr viel Grün und das Blau des Meeres

nie allzu weit entfernt ist. Dazwischen grasen glückliche Kühe und wuchert eine üppige Pflanzenpracht, die in dem subtropischen Klima wunderbar gedeiht. Ein schier unendliches Netz von gut markierten Wanderwegen durchzieht die mal lieblichen, mal schroffen vulkanischen Landschaften und führt aktive Besucher in alle Winkel des Archipels. Immer wieder gibt es Bademöglichkeiten: in den *heißen Quellen* São Miguels, *unter kühlen Wasserfällen* auf São Jorge oder Flores, an den Sandstränden Santa Marias und Faials oder in einem der vielen natürlichen *Meeresschwimmbecken* aus Lavagestein. Auch manche Kraterseen eignen sich für eine Abkühlung. Taucher kommen aus dem Staunen nicht mehr heraus, und auch wer immer schon mal Wale und Delphine beobachten wollte, findet hier die besten Bedingungen.

Etwas weniger als 250 000 Einwohner zählt der Archipel heute. Würde man alle Inseln zusammenschieben, käme man in etwa auf die *Größe des Saarlands.* Doch tatsächlich liegen zwischen der westlichsten Insel Flores und der östlichsten Insel Santa Maria über 600 km, zu weit für einen kurzen Nachbarschaftsbesuch. Manche Inseln sind winzig – auf Corvo beispielsweise leben nur gut 420 Menschen –, während auf der Hauptinsel São Miguel über die Hälfte der Azorenbevölkerung ansässig ist. Die Vorfahren der Azorianer waren *einfache Bauern*, die vor allem aus dem Süden Portugals, aber auch aus den armen Regionen Flanderns nach der Entdeckung der Inseln im 15. Jh. von den ersten Gouverneuren und der portugiesischen Krone angeworben wurden, um die unbewohnten Eilande zu besiedeln. Versprochen wurden ihnen fruchtbares Ackerland und reichlich Bodenschätze. Letzteres war eine Lüge, das Land war tatsächlich äußerst ertragreich – aber erst nachdem die ersten Siedler

1986 EG-Beitritt und Beginn der Strukturhilfen für die periphere Region

1987 In Lajes (Pico) wird der letzte Pottwal gefangen, der Walfang offiziell eingestellt

1998 Erdbeben auf Faial

2013 Höhepunkt der portugiesischen Wirtschaftskrise, vor allem einheimische Urlauber bleiben fern

2015 Liberalisierung des Luftraums. Low-Cost-Verbindungen vom Festland bringen viele Besucher nach São Miguel

Umgeben von Blumen, Grün und dem blauen Meer: Horta auf der Insel Faial

es mühevoll in Ackerland verwandelt hatten. Sie pflanzten Weizen und den damals begehrten Färberwaid, ein Kreuzblütengewächs, später *Wein und Orangen* und seit dem 19. Jh. auch *Ananas, Tee, Tabak und Bananen*. Noch heute leben viele Azorianer von der Land- und Viehwirtschaft – auf jeden Azorianer kommt eine Kuh. Auch das Meer spielt noch eine bedeutende Rolle: Viele der vor den Azoren gefangenen Fische landen auf den Tellern der Einwohner und Urlauber, *Thunfisch* wird außerdem zu Konserven weiterverarbeitet und exportiert. Wale jagt man heute nur noch

Wale jagt man heute nur noch mit Kameras

mit den Objektiven der Fotoapparate, an vielen Orten werden Sie jedoch Spuren des einst sehr wichtigen Wirtschaftszweigs Walfang finden.

So schön und idyllisch es auf den Azoren ist, das Inselleben war und ist nicht immer einfach. Zerstörte Ernten durch Naturkatastrophen oder Schädlinge zwangen im Lauf der Jahrhunderte immer wieder viele Azorianer zur *Auswanderung*, vor allem in Richtung Westen. Wer bleibt, leidet nicht selten am *Inselkoller*, wer die Heimat verlässt, vergeht vor Heimweh. *Insularidade* nannte der azorianische Dichter Vitorino Nemesio diese Zerrissenheit. Wer wie Sie die Azoren als Urlauber besucht, wird wahrscheinlich eher die positiven Seiten des Dilemmas sehen. Sie werden auf Menschen treffen, die sich dem Rhythmus der Natur angepasst haben. Nur selten kann einen Azorianer wirklich etwas aus der Ruhe bringen. Jede Abwechslung und jeder Besucher ist willkommen, wie Sie es auf den zahlreichen Festen vielleicht auch bald zu spüren bekommen.

IM TREND

1 Kunst an den Wänden

Farbe An unzähligen Mauern und Wänden São Miguels finden Sie ideenreiche, farbenfrohe und nachdenklich stimmende Gemälde. Viele Street-Art-Künstler organisieren sich im Verein *Walk & Talk (www.walktalkazores.org) (Foto)*, im Sommer gibt es ein eigenes Street-Art-Festival, und Ponta Delgada wird bunter und bunter ... Auch der aus Belgien stammende Künstler Yves Decoster *(www.facebook.com/pavillon.vila)* verziert die Insel mit Blumenherzen in allen Formen und Farben, um seine Liebe zur Natur und zu den Menschen auszudrücken.

Bergauf – bergab

2

Laufen Neuerdings zeigt sich auch auf den Azoren ein Trend, der in ganz Portugal immer beliebter wird: Trail-Running – eine Mischung aus Joggen und Wandern, bevorzugt über schmale, technisch anspruchsvolle Pfade und immer schön bergauf und bergab. Klingt verrückt? Nein, bei jedem Wetter sieht man inzwischen die Runner durch die Landschaft flitzen. Der *Azores Trail Run (www.azorestrailrun.com)* Ende Mai zieht Hunderte Athleten zum Ultra-Trail nach Faial, bei dem die Teilnehmer 70 (!) oder 48 km quer über die Insel laufen.

3 Perfekte Wellen

Surfen Auf São Miguel können Sie an den Stränden von Ponta Delgada *(Praia do Pópulo)* und Ribeira Grande *(Praia de Santa Bárbara)* immer mehr Surfer bewundern. An Letzterem finden alljährlich im September die *Azores Islands Pro (www.azoresislandspro.com)* statt. Auch auf São Jorge gibt es einen angesagten Surfspot: Für die wunderschöne Welle der *Fajã da Caldeira de Santo Cristo* machen sich sogar Profisurfer auf den Weg in das abgelegene Küstendorf.

Die Insel der Festivals

Sound Santa Maria entwickelt sich zum angesagten Festivalhotspot. Beim *Maré de Agosto (www.maredeagosto.com)*, einem der großartigsten Festivals des Landes, geben sich die aktuellen Stars und die meistgefragten DJs Portugals die Klinke in die Hand. Gefeiert wird Ende August am Strand der *Praia Formosa*. Dann ist auf der ganzen Insel kein Zimmer mehr zu haben, buchen Sie also rechtzeitig! Ansonsten haben Sie noch weitere Musikevents zur Wahl: Mitte Juli gibt es an der Küste von Maia das *Maia Folk (www.osamigosdamaia. com)*, eine Woche später steigt in Anjos das hochklassige *Santa Maria Blues-Festival (www.santamariablues.com)*. Neu: das *Hang'In-Festival (hangdream. wixsite.com/hanginazoresfestival/about-us)* auf Santa Maria.

Feiern im Hafen

Party Wer die Nacht zum Tag machen möchte, ist am besten in Ponta Delgada aufgehoben. Seit der Eröffnung der Mole *Portas do Mar* gibt es eine lebhafte Ausgehszene am Yachthafen. Flaggschiff ist die *Baía dos Anjos (www.baiadosanjos.com) (Foto)*, Ableger der Altstadtkneipe *Cantinho dos Anjos*. Man trifft sich in der angesagten Bucht der Engel erst auf einen Drink auf der Esplanade, dann zu Livekonzerten und DJ-Sets. Auch in der Cocktailbar *Bar do Pi (www. facebook.com/bardopi)* am Ende der Mole legen DJs auf. Die Disko *Ibiza Club (www.fa cebook.com/ibizaclubportasdomar)* nebenan öffnet nur am Wochenende. Eher alternativ ist das *Arco 8 (www.arco8.blogspot.pt)* im westlich gelegenen Industriehafenareal. Hier gibt es neben Musik auch Kunstausstellungen und Kulturprogramm.

FAKTEN, MENSCHEN & NEWS

ENTSCHLEUNIGEN

Die Azoren sind wirklich das westlichste Stückchen Europas – mitten im Atlantik. Bevor es dank des EG-Beitritts Portugals 1986 großzügige Subventionen und Infrastrukturmaßnahmen für die „ultraperiphere Region" gab, lebten die Menschen, vor allem auf den kleinen Inseln, äußerst abgeschieden. Alles drehte sich ums Wetter, die mühevolle Landwirtschaft, die Dorffeste und um die Familie. Der zunehmende Tourismus und die inzwischen sehr guten Flugverbindungen und Straßen haben frischen Wind gebracht, nichtsdestotrotz werden Sie schnell feststellen, dass die Uhren hier noch langsamer ticken. Lassen Sie sich drauf ein! Genießen Sie die Ruhe, und entschleunigen Sie am Ende Europas.

NICHTS WIE WEG?

Naturkatastrophen und wirtschaftliche Not führten über die Jahrhunderte immer wieder zu Auswanderungswellen. Zunächst nach Brasilien, ab dem 19. Jh. – insbesondere durch die Kontakte zu nordamerikanischen Walfängern – zunehmend in die USA und nach Kanada. Heute leben dort über 1 Mio. Azorianer bzw. deren Nachkommen. Ein berühmtes Auswandererkind ist die Popsängerin Nelly Furtado, deren Eltern in den 1960er-Jahren von São Miguel nach Kanada emigrierten. In den Sommermonaten besuchen viele *emigrantes* ihre Verwandten auf den Inseln, manche kehren sogar ganz zurück, um sich mit dem Ersparten einen ruhigen Lebensabend zu machen oder ein *negócio*, z. B. ein Café oder Re-

Farbenprächtige Pflanzen und dicke Meeressäuger, Heilige und Kühe, gewaltige Natur am Ende Europas und mitten im Atlantik

staurant, zu eröffnen. Ein schwieriges Thema sind die sogenannten *repatriados*: In den USA straffällig geworden, werden diese meist männlichen jungen Leute in die Heimat ihrer Eltern ausgewiesen, oft ohne jemals zuvor auf den Azoren gewesen zu sein. Sie versuchen sich dann in Ponta Delgada durchzuschlagen und landen nicht selten dort im Gefängnis.

SAUBERER STROM

Der Großteil des auf den Inseln konsumierten Stroms wird noch immer aus importiertem Erdöl erzeugt (72 %). Es gibt jedoch Bestrebungen, zunehmend auf erneuerbare Energien umzusteigen. Auf São Miguel z. B. stammen bereits rund 40 % der benötigten Energie aus Erdwärme. Oberhalb von Ribeira Grande entstanden in den 1980er-Jahren die ersten Geothermiekraftwerke, denn hier werden schon in 500 m Tiefe Temperaturen von etwa 200 Grad gemessen. Leitet man Wasser in die Tiefe, treibt der aufsteigende Wasserdampf die Turbinen an. Auf vielen Inseln sieht man Windkraftan-

Sogar am höchsten Berg Portugals, dem Pico, treffen Sie auf Rindviecher

lagen, bisher machen Wasserkraft und Windenergie zusammen jedoch nicht mehr als 12 % aus. Graciosa soll als erste Insel zum Selbstversorger in Sachen Energie werden: Derzeit entstehen dort ein Windpark sowie eine Fotovoltaikanlage.

FALSCHER HABICHT

Die abgeschiedene Lage der Azoren bestimmt auch ihre Tierwelt. Neben einer tagaktiven Fledermausart, dem Azoren-Abendsegler, ein paar Eidechsen und eingeführten Nutztieren ist vor allem die Vogelwelt bemerkenswert. Auf den abgelegenen Vulkaninseln entwickelten sich Unterarten wie die Azoren-Amsel, der Azoren-Buchfink oder der seltene Azoren-Gimpel *(priolo)*. Den Mäusebussard hielten die Entdecker für einen Habicht, auf Portugiesich *açor* – so kamen die Inseln zu ihrem (eigentlich falschen) Namen. Im frühen Sommer wird Sie vor allem auf São Jorge das Geschrei der Gelbschnabelsturmtaucher *(cagarros)* beeindrucken, wenn diese zum Nisten und zur Aufzucht des Nachwuchses an die Steilküsten fliegen. Bei Tauch- und Whalewatching-Ausflügen trifft man auf eine üppige Meeresfauna: Pottwale und Delphine, aber auch Meeresschildkröten lassen sich oft beobachten. Wer auf Tauchgang geht, findet unter anderem Muränen, Barrakudas und Thunfische.

Der Lorbeer-Wacholder-Wald *(laurissilva)*, zu dem Bäume wie Lorbeer, Kurzblättriger Wacholder, Heidelbeerbaum, Azoren-Stechpalme, Azoren-Baumheide und Wachsmyrthe gehören, war einst die vorherrschende Vegetation – und ist mit seinen Unterarten in dieser Form nur hier zu finden. Die wenigen nicht durch Rodung oder Holzeinschlag zerstörten Flächen sind heute geschützt. Die meisten Wälder bestehen allerdings aus eingeführten Bäumen wie der Japanischen Sicheltanne *(cryptomeria)*, Klebsamen *(Pittosporum Undulatum)* und Eukalyptus. Drachenbäume wachsen wie die beeindruckenden Baumfarne vor allem in Parks und Gärten. Auf vielen öffentlichen Plätzen sehen Sie die gigantischen Eisenholzbäume *(Metrosideros excelsa)* mit ihren Luftwurzeln. Auch wenn es 56 Blütenpflanzen gibt, die nur auf den Azoren vorkommen – Ihnen werden vor allem eingeführte Zierpflanzen begegnen, allen voran Hortensien, Girlandenblumen und Belladonna-Lilien.

ANTILANGEWEILE-REZEPT: FESTE FEIERN

Auf den Azoren passiert nicht viel. Nur Ponta Delgada hat ein Kino, die nächste richtige Großstadt ist Lissabon und auf vielen Inseln gibt es nicht mal eine Disko. Man kennt jeden Winkel, jeden Feldweg in- und auswendig, sieht immer die gleichen Gesichter. Da kommen die unzähligen Dorffeste im Sommer gelegen, viele junge Leute besuchen auch die Feste der Nachbarinseln. Mit Inbrunst werden Musikfestivals, Kapellen- oder Heiliggeistfeste vorbereitet und ausgerichtet. Bei den auf Terceira beliebten Straßenstierkämpfen ist der „Fünfte Stier", also die anschließende Feier in den Häusern der Anwohner, am wichtigsten – wundern Sie sich nicht, wenn Sie sich plötzlich an einer üppigen Tafel in einer Garage wiederfinden. Auch zu jedem Geburtstag wird möglichst groß eingeladen. Leidenschaftlich werden die Fußballspiele der großen portugiesischen Clubs verfolgt – mit den Kumpels in der Dorfkneipe – und die Siege ausgiebig gefeiert. Wenn Sie auf feiernde Azorianer stoßen: Feiern Sie mit! Die Einheimischen freuen sich schließlich immer, neue Gesichter zu sehen.

RINDVIECHER

Egal auf welcher Insel Sie sind – überall werden Ihnen schwarz-weiße, braune oder helle Rindviecher begegnen, die bei jedem Wetter und mit schönster Aussicht auf saftigen Weiden grasen oder im Gänsemarsch auf den Straßen unterwegs sind und Ihnen als Mietwagenfahrer auch mal Geduld abverlangen. Tatsächlich gibt es etwa so viele Kühe wie Einwohner auf den Azoren und ein großer Teil der Bevölkerung lebt von der Vieh- und Milchwirtschaft. Fast jede verfügbare Fläche wird als Weideland genutzt, und das beliebteste Auto der Inseln ist der „Bauernjeep", mit dem die Bauern aller Generationen zu ihren Tieren fahren. Die mehr als 500 Mio. Liter Milch, die im Jahr produziert werden, gelangen in Form von Käse und H-Milch in die portugiesischen Supermärkte.

KATASTROPHE?

Keine Angst, auch wenn es auf den Inseln fast täglich Erdbeben gibt: Die meisten spüren Sie gar nicht. Aber machen Sie sich trotzdem bewusst, dass Sie, abgesehen von der ältesten Insel Santa Maria, auf einer vulkanisch aktiven Inselgruppe sind. Die Kehrseite von Bädern in heißen Quellen: Es kann eben auch ein größeres Erdbeben oder Vulkanausbrüche geben. Letztere sind aber dank des Monitorings inzwischen gut vorhersehbar. Im Winter müssen Sie mit starken Stürmen und Regenfällen rechnen, manchmal führen diese zu abgerutschten Hängen und verschütteten Straßen und nicht selten zu gecancelten Flügen. Bei wetterbedingten Flugverspätungen oder gar -streichungen kümmert sich die Fluggesellschaft um alles Weitere.

PARKS UND GÄRTEN

Im 19. Jh., als die Orangen-, Ananasoder Tabakbarone von São Miguel ihre Glanzzeit hatten, entstanden in Ponta Delgada und in Furnas beeindruckende Garten- und Parkanlagen, in denen Sie heute ausgedehnte Spaziergänge machen können. Die reichen Landbesitzer, die sich gegenseitig mit den prächtigsten Parks übertreffen wollten, ließen für ihre meist im englischen Stil angelegten Landschaftsgärten nicht nur Rhododendren, Azaleen und Kamelien anpflanzen, sondern auch allerlei Exotisches wie Palmen, Baumfarne, Gummibäume oder Araukarien einführen. Die Baumfarne, die Sie heute auf São Miguel an Hängen sehen, stammten wohl ursprünglich aus dem Terra-Nostra-Park in Furnas, die Samen fanden den Weg in die Wildnis.

BETEN HILFT

Über 90 Prozent der Azorianer sind römisch-katholisch getauft, und nicht wenige von ihnen praktizieren aktiv ihren Glauben. Sonntags sehen Sie viele Kirchgänger, in der Fastenzeit treffen Sie auf São Miguel traditionelle *romeiros* auf ihren tagelangen Pilgerwanderungen und bei den Kapellen- und Heiliggeistfesten wird Ihnen klar: Das sind die jährlichen Highlights in vielen Dörfern. Immer wieder sind Ortsdurchfahrten wegen Prozessionen gesperrt. Der Kult um den Senhor Santo Cristo sorgt in Ponta Delgada für eines der größten religiösen Feste Portugals. Überall auf den Azoren finden Sie über den Haustüren Andachtsbilder aus zusammengesetzten Fliesen *(azulejos)*. Dargestellt ist oft die Muttergottes, aber auch beliebte Heilige wie Santo António (Antonius), São João (Johannes) oder São Pedro (Petrus). Vielleicht ist die große Bedrohung durch Naturkatastrophen ein Grund für die Frömmigkeit – auf alle Fälle stärken die vielen religiösen Feste das auf den Azoren hochgeschätzte Gemeinschaftsgefühl und sorgen für Abwechslung im Alltag.

DIALEKT MIT Ö UND Ü

Die Azoren gehören zu Portugal, also wird portugiesisch gesprochen. Doch auch mit Englisch kommt man häufig gut zurecht, da viele Azorianer zeitweise in Nordamerika gelebt haben oder Verwandtschaft dort haben. Zudem fällt es selbst Festlandsportugiesen schwer, den starken Akzent *(sotaque)* der Einwohner São Miguels zu verstehen. Die vielen im Portugiesischen eigentlich unbekannten Ü- und Ö-Laute kamen wahrscheinlich mit Siedlern aus dem französischen Sprachraum auf die Insel und sorgen heute nicht nur auf dem Festland, sondern auch auf den anderen Inseln für manche Spöttelei.

WALWIRTSCHAFT

Ab dem frühen 19. Jh. wurden junge Azorianer von amerikanischen Walfangflotten angeworben. Jahrelang auf den Weltmeeren unterwegs, gingen viele Walfänger nun von ihren Inseln aus auf die Jagd. Von *vigías* erspähten sie die Tiere mit Ferngläsern vom Land aus, in kleinen Holzbooten, *canoas*, ging es aufs Meer, wo die Pottwale mit Harpunen gefangen und mit Lanzen getötet wurden. Viele Azorianer, vor allem auf Pico, lebten bis ins späte 20. Jh. von den Walen. Aus Walfett hergestellter Tran wurde als Lampenöl und Schmiermittel genutzt. Aus Fleisch und Knochen gewann man Viehfutter und Düngemittel. Allein in den 1950er-Jahren erlegten die rund 250 Walfänger von Pico ungefähr 200 Wale. Dann nahm die Nachfrage nach Walprodukten ab, die synthetische Ölverarbeitung wurde günstiger. Mitte der 1980er-Jahre wurden die letzten Pottwale gefangen, es rentierte sich nicht mehr. Kurz danach begann der Franzose Serge Viallelle auf Pico, mit Touristen zur Walbeobachtung aufs Meer zu fahren. Ein neuer Wirtschaftszweig war geboren: Heute werden in den Sommermonaten auf fast allen Inseln täglich Whalewatching-Touren angeboten, und für viele Besucher gehört ein Ausflug zu den Meeressäugern zu den Highlights des Urlaubs.

Azulejos der Heiligen Muttergottes in der Kapelle Nossa Senhora da Ajuda in Fenais da Ajuda

WAS FÜR'N WEIN!

Auf Pico, Terceira und Graciosa werden vor allem aus der Verdelho-Rebe hochwertige Tischweine produziert. Auf Pico, wo 80 % des exportierten Azorenweins angebaut wird, stehen die von Natursteinmauern gesäumten Weinfelder unter dem Schutz der Unesco. Die dunklen, Wärme speichernden Böden sorgen für einen hohen Zuckergehalt und den besonderen Geschmack der Weine. Den tiefroten Landwein *vinho do cheiro* schenkt man bei Festen und in einfachen Kneipen aus. Er darf aufgrund seines hohen Alkaloidgehalts nicht in die EU exportiert werden. Fragen Sie in einer Dorfkneipe nach einem Glas und machen Sie sich ein Bild – für nichtazorianische Gaumen schmeckt er gewöhnungsbedürftig.

LETZTE TANKSTELLE VOR AMERIKA

In den Zeiten der großen Entdeckungs- und Handelsfahrten zwischen der Alten und der Neuen Welt entwickelten sich die Azoren zur wichtigsten Drehscheibe im Atlantik. Die Schiffe brachten nicht nur Zolleinnahmen, sie sorgten auch für regen kulturellen Austausch. Auf den Azoren gab es Proviant und Verstärkung für die Besatzungen, was ab dem 19. Jh. auch die nordamerikanischen Walfangflotten zu schätzen wussten. Als Ende des 19. Jhs. die ersten Seekabel zwischen Europa und Amerika verlegt wurden und sich deutsche, britische und amerikanische Telegrafengesellschaften auf Faial niederließen, entwickelte sich Horta zum internationalsten Dorf des Atlantiks. Auch die ersten Wasserflugzeuge nutzten Horta als Zwischenstation. Im Zweiten Weltkrieg legten die Alliierten Militärflughäfen auf Santa Maria und Terceira an. Nach dem Krieg wurde das Auftanken auf Santa Maria für Transatlantikflüge der zivilen Luftfahrt bis in die 1960er-Jahre unverzichtbar. Heute freuen sich Atlantiküberquerer auf Segelschiffen und -yachten über einen willkommenen Stopp auf den Azoren.

ESSEN & TRINKEN

Die Azorianer mögen am liebsten bodenständige Mahlzeiten, basierend auf frischem Fisch oder heimischem Rindfleisch. Oft wird nicht an Knoblauch gespart. Sämige Suppen finden Sie auf allen Speisekarten ebenso wie eine große Auswahl an süßen oder fruchtigen Desserts.

Essen ist auf den Azoren wie in anderen Regionen Portugals ein gesellschaftliches Ereignis. Schon zum *Frühstück* sehen Sie die Menschen in einem der unzähligen Cafés einen *galão* (Milchkaffee) schlürfen, ein *bolo* oder *pastel* (Törtchen) naschen, ein Schwätzchen mit dem Nachbarn halten und die Zeitung lesen. *Mittags* bieten viele Cafés und Snackbars günstige Tagesgerichte *(pratos do dia)* an, sodass man gern mit den Kollegen einkehrt. *Abends* wird zu Hause warm gekocht oder zu besonderen Anlässen ein Lokal besucht. Das kann eine schlichte *casa de pasto* (einfache Gaststätte) sein, aber auch eine *churrasqueira* (Grillrestaurant), eine *marisqueira* (spezialisiert auf Meeresfrüchte), eine *cervejaria* (Brauhaus) oder ein ganz normales *restaurante*. Inzwischen gibt es auch internationale Importe wie Fast-Food-Ketten, Pizzerien und Chinarestaurants. Die Preise in den meisten Lokalen sind *sehr günstig* – schließlich soll sich auch die einheimische Bevölkerung einen Besuch dort leisten können. Für 10 bis 15 Euro bekommen Sie fast überall großzügige und schmackhafte Gerichte – in dieser Preisklasse liegen deshalb die meisten in diesem Band empfohlenen Restaurants.

Von der Kuhweide oder frisch aus dem Meer – die Bewohner der Azoren lieben Rindfleisch, Fisch und Meeresfrüchte

Bei einem **regionaltypischen Essen** wird Ihnen zuerst das **couvert** serviert: Brot und Butter sind immer dabei, oft gibt es Oliven (vom Festland), Frischkäse mit *piri-piri* (Chilipaste), São-Jorge-Käse oder Thunfisch- und Sardinenpaté. Wenn Sie sich nicht schon am Anfang sattessen möchten, lassen Sie es besser zurückgehen, denn Sie zahlen am Ende nur genau das, was Sie tatsächlich verzehrt haben. Danach bestellen Azorianer gern eine **gebundene Suppe**, z. B. *sopa de legumes* (mit Gemüse), *sopa de agrião* (mit Wasserkresse), *caldo verde* (mit Kartoffeln, Kohl und *chouriço*), *sopa de peixe* (mit Fisch) oder *creme de mariscos* (mit Meeresfrüchten). Andere typische **Vorspeisen** sind *salada de polvo* (Oktopussalat), *morcela com ananás* (Blutwurst mit Ananas), *chouriço à bombeiro* (feurige Rauchwurst) oder manchmal auch Teller mit *lapas* (Napfschnecken) oder **INSIDER TIPP** *amêijoas* (Herzmuscheln). Für die Hauptspeise dürfen Sie sich zwischen Fisch, Meeresfrüchten oder Fleisch entscheiden. Nicht selten werden Sie von

SPEZIALITÄTEN

abrótea – Gabeldorsch, meistens panierte Filets

alcâtra – im Tontopf geschmorte Rindfleischstücke im Weinsud, typisch für Terceira

amêijoas de São Jorge – Herzmuscheln aus dem See der *Fajã da Caldeira de Santo Cristo*; gegart mit Zwiebeln und Knoblauch als schmackhafte Vorspeise

ananás – auf São Miguel kultivierte Früchte – entweder als Dessert serviert oder mit Blutwurst *(morcela)* angebraten als Vorspeise

atum – Thunfisch (oder *albacora* – weißer Thunfisch) landet als *bife de atum* auf den Tellern

bife regional – Rindersteak mit Spiegelei, Knoblauch und Paprika, dazu Pommes. Typisch für São Miguel

bolo Dona Amélia – nach der portugiesischen Königin, die 1901 Terceira besuchte, benannte Kuchen aus Melasse, Zimt, Maismehl, Eiern und Zucker

cataplana de peixe – Fischeintopf mit Wein, gegart im aufklappbaren Kupfertopf

chouriço à bombeiro – würzige Rauchwurst, die auf einem Tongrill am Tisch gegrillt wird

cozido das Furnas – Eintopf aus verschiedenen Fleisch- und Wurstsorten, Kohl, Karotten und Knollenfrüchten, der 6–7 Stunden im heißen Erdloch am Furnasee gart. Das berühmteste Azorengericht (Foto re.)

lapas grelhadas – tellerförmige Napfschnecken, die frisch vom Felsen geerntet und dann in Knoblauchbutter und Zitronensaft in einer Metallpfanne gegrillt werden

peixe na telha – frischer Fisch, z. B. *cherne* (Wrackbarsch), in einer Tonform mit Gewürzen und Kartoffeln gegart

polvo – Oktopus wird als Vorspeisensalat *(salada de polvo)* serviert oder als schmackhafte Hauptspeise in Rotwein geschmort und mit viel Olivenöl *(à lagareiro)* zubereitet

queijo de São Jorge – über mehrere Monate gereifter Käse (Foto li.), schmeckt als deftige Vor- oder Nachspeise gut zu Brot oder Maisbrot *(broa)*

---

einer *Riesenportion auch gut zu zweit* satt. In vielen Lokalen ist es übrigens kein Problem, nur eine halbe Portion *(meia dose)* zu bestellen oder sich das Gericht mit jemandem zu teilen.

Der *Fisch* aus den azorianischen Gewässern schmeckt am besten über Holzkohle gegrillt *(na brasa)*. Große Fische wie *atum* (Thunfisch) oder *espadarte* (Schwertfisch) kommen als *posta* (Scheibe) auf den Teller, andere als paniertes Filetstück (z. B. *abrótea*, Gabeldorsch). Viele werden als kompletter Fisch serviert, die kleinen *chicharros* (Stichlinge) können Sie sogar mit Kopf und Schwanz verspeisen, bei anderen ist auf Gräten zu achten. *Lulas* (Kalmare) gibt es frittiert oder gegrillt. Wenn Sie Muräne *(moreia)* oder Meeraal *(congro)* probieren möchten, müssen Sie sich auf einen gewöhnungsbedürftigen Fettgeschmack einstellen. Fischeintöpfe heißen *caldeirada*, *cataplana* (im Kupfertopf gegart) oder *peixe na telha* (in einer dachziegelähnlichen Form serviert). Das viele Rindvieh auf den Azoren sorgt für *Fleischgerichte* wie *alcâtra* oder *bife regional*. Es gibt aber auch Schweinefleisch und Hühnchen.

Beilagen sind stets dabei, meistens Kartoffeln in Form von *batata cozida* (Salzkartoffeln) oder *batata frita* (Pommes) oder Reis. Die Knollenfrucht *inhame* (Taro) finden Sie z. B. im Eintopfgericht *cozido das Furnas*. Manchmal zieren ein paar Salatblätter die Teller, wenn Sie einen richtigen Salat möchten, müssen Sie *salada* ordern. Gemüsebeilagen gibt es selten, am ehesten finden Sie Gemüse in den Suppen. Überhaupt: Als *Vegetarier* haben Sie es nicht leicht auf den Azoren. Abgesehen von einem vegetarischen Restaurant in Ponta Delgada gibt es in den Lokalen wenig Auswahl an fleisch- und fischlosen Gerichten. Sie können aber freundlich fragen, ob Sie zu den Beilagen nicht *legumes salteados* (sautiertes Gemüse) bekommen könnten.

Die üppigen *Desserts* machen dann wieder alle glücklich. Wenn Sie es süß mögen, bestellen Sie *pudim flan*, *pudim de feijão* (Bohnenpudding), *arroz doce* (Milchreis), *mousse de chocolate*, Törtchen wie **INSIDER TIPP** *Dona Amélia* (auf Terceira), *queijada* (auf Graciosa) oder Eis. Sie sind schon pappsatt? Eine Scheibe *ananás* geht immer!

Und die *Getränke*? Zum Essen trinkt man Wasser mit oder ohne Kohlensäure *(água com/sem gás)*, *Bier oder Wein*. Das Bier kommt vom Festland (die Marken: Sagres oder Superbock) oder aus der Brauerei Melo-Abreu in Ponta Delgada. Das *espe-*

Süße Leckerei von Graciosa: Queijadas

cial hat 5,5 % Alkohol und wird mit Hopfen aus Bayern gebraut. Man trinkt es in Flaschen *(garrafa)* oder vom Fass: *fino* (0,2 l), *túlipa* (0,33 l), *caneca* (0,4 oder 0,5 l). Radler heißt *panaché*. Die Brauerei Melo-Abreu produziert auch eine erfrischende *Maracujalimonade* namens *kima*. Auf den Weinkarten finden Sie neben den höherwertigen Weinen vom Festland auch azorianische Tischweine. Nach dem Essen werden Sie gefragt, ob Sie einen *café* (Espresso) möchten. Und wie wäre es mit einem *Verdauungsschnaps*? Es gibt z. B. *aguardente de figo* (Feige) oder *bagaço* (Tresterschnaps). Die *Liköre* aus Maracuja oder Ananas sind sehr süß, der Brombeerlikör *(licor de amora)* (s. S. 74) hingegen süffig lecker. Am Ende wird die Rechnung in der Regel durch alle geteilt, das Trinkgeld (5–10 %) lassen Sie auf dem Tisch zurück.

EINKAUFEN

Die besten Mitbringsel sind jene, die man später zu Hause beim Schwelgen in Urlaubserinnerungen genießen kann. Bestimmt freuen sich auch Ihre Daheimgebliebenen eher über eine Leckerei als über Staubfänger fürs Regal. Die Azoren bieten jede Menge kulinarische Souvenirs, und am Flughafen können Sie sogar azorianische Zigaretten erstehen. Der Tabak für die Marken *além mar* und *alto mar* wächst auf São Miguel. Es soll doch lieber etwas Handfestes sein? In den Andenkenläden finden Sie Kuh- und Hortensiensouvenirs in allen Formen und Farben. Etwas Besonderes ist der Schmuck aus Basaltsteinen oder die Keramik von São Miguel *(louça da Lagoa)*.

KUNSTHANDWERK

Auf São Jorge sehen Sie noch Frauen, die auf altmodischen Webstühlen bunte Decken und Wandteppiche weben. Etwas handlicher, aber nicht weniger aufwendig sind die Stickereiarbeiten *(bordados)*, die auf Terceira noch immer von vielen Stickerinnen in Heimarbeit hergestellt und dann in der Manufaktur in Angra versäumt und verkauft werden. Noch filigraner sind die einzigartigen Kunstwerke aus Feigenmark (s. S. 73) und Fischschup-

pen. Die Tradition der Feigenmarkkunst entstand im 16. Jh. in den Frauenklöstern von Horta. Aus dem im Winter gewonnenen und dann getrockneten Mark der Feigenäste schneiden die Künstler feinste Scheibchen, und fügen sie mit ein wenig Klebstoff zu fragilen Skulpturen zusammen. Auf São Miguel und Pico entstehen ähnliche Kunstwerke aus Fischschuppen, besonders beeindruckend sind die zarten Blüten als Haarschmuck.

KULINARISCHES FRISCH VON DEN INSELN

Leicht und handlich zum Mitnehmen sind die Produkte aus dem nahezu einzigen Teeanbaugebiet Europas. *Chá Gorreana* können Sie als Schwarz- und Grüntee, offen oder in Teebeuteln kaufen. *Porto Formoso* produziert nur offenen Schwarztee, er ist besonders hübsch verpackt. Ein nicht ganz praktisches Mitbringsel ist die Ananas von São Miguel. Immerhin gibt es sie bei den Gewächshäusern oder auf dem Markt von Ponta Delgada in Transportkartons. Ist sie beim Kauf noch nicht ausgereift, verströmt sie dann zu Hause ihren wunderbaren Duft. Den berühmten Käse von São Jorge kaufen Sie am besten eingeschweißt, er hält sich viele Wochen.

Lecker, scharf und süß – Kulinarische Besonderheiten und filigrane Handarbeiten gehören zu den beliebtesten Souvenirs

Oder wie wäre es mit einer Fischkonserve? Den ⊕ **INSIDER TIPP** nachhaltig gefangenen Thunfisch, z. B. der Firma Santa Catarina von São Jorge, gibt es in verschiedenen Gewürzrichtungen.

TÖRTCHEN & EINGEMACHTES

Die besonderen *queijadas* (Käseküchlein) aus Vila Franca do Campo, die feinen *Dona Amélias* aus Terceira oder die sternförmigen *queijadas da Graciosa* finden Sie in Geschäften der jeweiligen Insel und am Flughafen von Ponta Delgada. Ebenfalls süß sind die fruchtigen Marmeladen, z. B. (auch im Miniformat) von *Quintal dos Açores*. Die Firma stellt auch *piri-piri* her, die scharfe Chilipaste, die zu weißem Frischkäse schmeckt.

WALZAHNKUNST

Kunst auf polierten Walzähnen *(scrimshaw)* sehen Sie – aus Mangel an Rohmaterial – nur noch im Museum. Wenn Ihnen, vor allem auf Faial, Schmuckstücke aus Walknochen oder -zähnen angeboten werden, ist Vorsicht geboten. Ähnlich wie Elfenbein dürfen diese Produkte nur mit einem Zertifikat, das die Herkunft aus Altbeständen bescheinigt, verkauft werden. Kaufen Sie besser „falsche Walkunst" aus Holz, Rinderknochen oder Steinnuss!

WEIN, LIKÖR & SCHNAPS

Den Tischwein von Pico oder Graciosa kaufen Sie am besten nach einer Weinprobe. Familie Brum auf Terceira produziert neben weißem Tischwein auch den **INSIDER TIPP** süffigen Likörwein *Chico Maria*. Noch süffiger sind die fruchtigen Liköre von Pico. In einem Lädchen in Cachorro (s. S. 74) können Sie verschiedene Geschmacksrichtungen kosten, dort gibt es auch kleine Flaschen. Die Maracuja-, Ananas- und Bananenliköre von São Miguel sind sehr süß, während der aus Trester oder Feigen gebrannte *aguardente* ein guter Verdauungsschnaps ist.

SÃO MIGUEL

Auf São Miguel (138 000 Ew.), der größten, bevölkerungsreichsten und vielfältigsten Azoreninsel, könnten Sie locker Ihren gesamten Urlaub verbringen und hätten dennoch Programm für jeden Tag. Gegensätze machen sie so attraktiv. Auf kleinstem Raum werden Ihnen die unterschiedlichsten Landschaften begegnen: Berge, Wälder, Kraterseen und Küstenstreifen, Kuhweiden, Maisfelder, Plantagen mit Ananas, Bananen, Tabak oder Tee. Abgeschiedenheit und Ruhe finden Sie in den kleinen Dörfern im Osten, urbanes, lebendiges Flair hingegen in Ponta Delgada. Genießen Sie kulinarische Vielfalt in der Stadt und bodenständige Küche auf dem Land. Also: Wanderschuhe schnüren und auf Entdeckungsjagd gehen!

FURNAS

(143 E2) (∅ N6) Im romantischen Tal von ⭐ Furnas halten tiefgrüne, kesselartige Kraterwände den Wind ab und sorgen für ein feuchtes, fruchtbares Mikroklima. Bestaunen Sie die dampfenden Fumarolen und die 22 Quellen, probieren Sie den einzigartigen Eintopf und baden Sie in heißen Pools!

Das Dorf (1400 Ew.) liegt in einem Einsturzkrater, in dem durch spätere Ausbrüche weitere Krater entstanden sind. Dank der fruchtbaren Böden kamen die ersten Siedler, ab Ende des 18. Jhs. gesellten sich die Reichen dazu, die zur Sommerfrische kamen und in den Thermalquellen entspannten. Auf diese Weise erlangte

Die Insel der Gegensätze: Kraterseen, heiße Pools und Meeresküste, ruhige Dörfer und quirlige Städte

Furnas seinen Ruf als edles Kurbad, den es bis heute hält.

SEHENSWERTES

CALDEIRAS
Am Ortsrand, nur wenige Meter von den Häusern entfernt, dampft und brodelt es: Halten Sie sich die Nase zu, es stinkt nach Schwefel! Die Einheimischen garen Maiskolben im heißen Wasser der Caldeiras, im *Observatório Microbiano (Juli Mi–Fr 10–17, Sa/So 14.30–18 Uhr, Aug.–Mitte Sept. Mo–Fr 10–17, Sa/So 14.30–18 Uhr, sonst Di–Fr 10–17, So 14.30–18 Uhr | Eintritt frei)* im alten Badehaus erfahren Sie spannende Details zu den Mikroorganismen in den Schwefelquellen.

LAGOA DAS FURNAS
Der malerische Furnassee liegt oberhalb des Ortes. Am westlichen Ufer können Sie wunderbar entlangwandern, unterwegs treffen Sie auf kunstvoll aus Baumstämmen geschnitzte Holzskulpturen. Den meisten Rummel erleben Sie bei

den *caldeiras*, wo der berühmte ● *cozi-do* in Erdlöchern köchelt: 7–8 Stunden lassen die Einheimischen – und auch Restaurants – ihre (zu Hause) vorbereiteten Töpfe hier garen. Daneben blubbert und dampft es aus heißen Schwefelquellen. Ruhiger geht es in der **INSIDER TIPP** *Mata José do Canto (tgl. 10–15, Sommer 10–17 Uhr | Eintritt 3 Euro | www.matajosedo canto.com)* am südwestlichen Ufer zu: Durch den im 19. Jh. von José do Canto

PARQUE TERRA NOSTRA

Der verwunschene Garten mit Wasserläufen und romantischen Grotten ist einer der schönsten der Azoren. In den 1930er-Jahren baute die Bensaude-Familie das edle *Terra Nostra Hotel (86 Zi. | Rua Padre José Jacinto Botelho 5 | Tel. 2 96 54 90 90 | www.bensaude.pt/ terranostragardenhotel | €€€)* im Artdéco-Stil, erwarb den Park und ließ heißes Thermalwasser in den einstigen

Fumarolen an der Lagoa das Furnas: Spaziergang durch dampfende Schwefelquellen

angelegten Waldpark führen verschlungene Wege bis zum Wasserfall *Cascata da Ribeira do Rosal*. Auch die in do Cantos Auftrag in Frankreich errichtete neogotische Kapelle *Nossa Senhora das Vitórias* können Sie besichtigen, sie wurde zum Verschiffen auseinander und auf den Azoren wieder zusammengebaut.
Die Ausstellung im *Centro de Monitorização e Investigação (Di–So 9.30–16.30, Sommer tgl. 10–18 Uhr | Eintritt 2,50 Euro)*, einem Institut zur Überprüfung der Wasserqualität des Furnassees, informiert über die Entstehung des Sees und Umweltaspekte wie Überdüngung.

Fischteich umleiten. Auch heute noch können Sie als Hotelgast oder Parkbesucher in der wohltuenden Brühe im Schatten der Baumriesen relaxen. Blumenfans, aufgepasst: Im Garten blühen Kamelien (Sammlung mit mehr als 600 Varietäten!), Azaleen, eine Ginkgo-Allee und vieles mehr. *Tgl. 10–17, im Sommer 10–19 Uhr | Eintritt 6 Euro | Largo das Tres Bicas | www.parqueterranostra.com*

PICO DO FERRO ☘

Einen fantastischen Blick über den Furnassee und das Tal von Furnas haben Sie vom Aussichtspunkt am „Eisenberg". Hier startet ein kleiner, steiler Wanderpfad hinunter zum See *(2 km | ca. 40 Min.)*.

POÇA DA DONA BEIJA ●

Legen Sie sich in die paradiesischen Becken und vergessen Sie die Welt um sich herum! Das eisenhaltige, rund 30 Grad warme Wasser fließt durch die kleinen Pools und sorgt für Tiefenentspannung und schöne Haut. **INSIDER TIPP** Romantischster Zeitpunkt: abends unterm Sternenhimmel! Auch bei schlechtem Wetter halten Sie es im heißen Wasser gut aus. *Tgl. 7–23 Uhr | Eintritt 4 Euro | Lomba Das Barracas | www.pocadadonabeija.com*

CALDEIRAS & VULCÕES

Etwas gehobenere Küche in angenehmem Ambiente – für das eher rustikale Furnas ungewöhnlich! *Tgl. | Rua das Caldeiras 36 | Tel. 2 96 58 43 12 | €€*

SUMMER BREEZE

Appetit auf richtig guten Burger? Dann sind Sie hier richtig! *Mi geschl. | Rua das Caldeiras | Tel. 2 96 58 82 04 | €*

TONY'S

Seit über 30 Jahren gibt's bei António und seiner Familie den besten *cozido*. Mittags kommen Gruppen – besser reservieren! *Tgl. | Largo da Igreja 5 | Tel. 2 96 58 42 90 | www.restaurantetonys.pt | €€*

BOLOS LÊVADOS

Achten Sie auf Schilder oder blinkende Reklamen mit der Aufschrift: Bolos Lêvados. Es handelt sich um leckere, leicht süße Brotfladen, die in Furnas auch von Privatleuten gebacken und verkauft werden. Am besten noch warm mit Butter und Marmelade essen!

3 BICAS PUB

Hier können Sie sich mit der Dorfjugend auf ein Bier am Abend treffen. Tagsüber sitzen Sie in dieser Mischung aus Kneipe und Snackbar nett auf der Esplanade. *Rua Padre José Jacinto Botelho 19*

A QUINTA

Die lauschige Open-Air-Kneipe unter Bäumen öffnet nur im Sommer, dann gibt es manchmal auch Livemusik. *Av. Manuel de Arriaga*

FURNAS SPA HOTEL ●

Das alte Kurhaus von Furnas wurde in ein schickes Boutiquehotel verwandelt.

⭐ **Furnas**
Heiße Quellen, deftiger Cozido und üppige Parks → S. 32

⭐ **Nordeste und Ostküste**
Atemberaubende Aussichten im wilden Osten → S. 36

⭐ **Lagoa do Fogo**
Unberührter Badesee im Vulkankrater → S. 50

⭐ **Portas do Mar**
Ponta Delgadas pulsierendes Tor zum Meer → S. 41

⭐ **Praia de Santa Bárbara**
Malerischer Surferstrand bei Ribeira Grande → S. 48

⭐ **Sete Cidades**
Märchenlandschaft im größten Krater der Insel → S. 46

MARCO POLO HIGHLIGHTS

Entspannen Sie in den Thermalbecken und lassen Sie sich im phantasievoll designten Restaurant verwöhnen. *55 Zi. | Av. Dr. Manuel de Arriaga | Tel. 2 96 24 92 00 | www.furnasboutiquehotel.com | €€€*

INSIDER TIPP **QUINTA D'ÁGUA**
Das gemütliche Ferienhäuschen ist ein romantisches Refugium am Ufer des Furnassees. Es wurde mit viel Liebe eingerichtet, und wenn Sie im Winter kommen, macht Patricia Ihnen schon mal den Holzofen an. *Lagoa das Furnas | Tel. 9 13 52 62 93 | €€*

VALE VERDE
Einfache Zimmer, doch die familiäre Pension punktet mit dem sympathischen Personal, der Lage mitten in Furnas und dem guten Preis-Leistungs-Verhältnis. *10 Zi. | Rua das Caldeiras 3 | Tel. 2 96 54 90 10 | www.hotelvaleverde.com | €–€€*

LOW BUDG€T

Günstig übernachten Sie im farbenfrohen *Hostel Vintage Place (10 Zi. | Rua de Santa Catarina 83–85 | Ponta Delgada | Tel. 2 96 71 68 37 | hostelpontadelgada.com)*.

In einer Seitengasse nahe der Hauptkirche von Ponta Delgada versteckt sich das *Café Royal (Mo–Sa 6–24, So 6–12 Uhr) | Rua Alfândega 4/6 | Ponta Delgada | Tel. 2 96 28 41 76)*. Das über 90 Jahre alte Café – eines der ältesten der Stadt – überrascht u. a. mit günstigen Cocktails (Caipirinha 2,50 Euro!) und unschlagbar preiswerten, schmackhaften Mittagsgerichten.

Das *Centro de Artes – Arquipélago* (s. S. 47) in Ribeira Grande können Sie sonntags umsonst besichtigen.

AUSKUNFT

POSTO DE TURISMO
Rua Dr. Frederico Moniz Pereira | Furnas | Tel. 2 96 58 45 25

ZIELE IN DER UMGEBUNG

FAIAL DA TERRA (143 F3) *(🗺 N6)*
In den Wäldern oberhalb des abgeschiedenen Orts (380 Ew.) können Sie tolle Wasserfälle wie den *Salto do Prego* erwandern. Das Tal des verlassenen Weilers *Sanguinho* ist dank des besonderen Mikroklimas berühmt für Zitrusfrüchte. Zur Pause können Sie in der innen recht gemütlichen *Snack Bar Faialense (tgl. | Rua da Ribeira 29 | Tel. 2 96 58 60 50 | €)* einkehren.

MIRADOUROS AN DER NORDOST-KÜSTE (143 F2) *(🗺 N6)*
Zwischen Maia und Nordeste eröffnen sich Ihnen hinter jeder Kurve spektakuläre Blicke, die alte Straße (ER1-1) ist von Aussichtspunkten mit Picknickplätzen gesäumt. An manchen gibt es Wasserfälle, etwa am *Miradouro do Salto da Farinha*: Eine steile Straße führt hinunter zum kleinen Sandstrand, einem weitläufigen Picknickareal und einem Wasserfall. In der *Ribeira dos Caldeirões* können Sie in einem hübschen Park alte Mühlen und einen weiteren Wasserfall bewundern. Zur Stärkung fahren Sie nach Jorge: Im Fischrestaurant *Cantinho do Cais (Mi-Abend geschl. | Rua Ramal | São Brás | Tel. 2 96 44 26 31 | €€)* gibt es manchmal *cracas* (Seepocken).

NORDESTE UND OSTKÜSTE ★
(143 F2) *(🗺 N6)*
Aufgrund ihrer Abgeschiedenheit wurde die kleine Kreisstadt Nordeste (1300 Ew.)

bis vor ein paar Jahren „die 10. Insel" genannt. Heute brauchen Sie von Ponta Delgada knapp eine Stunde bis hierher. Im Ort sorgen die steinerne Brücke, die *Igreja de São Jorge* (1796) und ein kleiner Stadtgarten für Fotomotive. Im unscheinbaren, aber hervorragenden Familienrestaurant *Casa de Pasto O Cardoso (Sommer So-Abend geschl., Winter nur Mittagessen | Lomba Da Fazenda | Tel. 296486138 | €)* sollten Sie das köstliche *bife o cardoso* probieren, sonntagmittags gibt es ein üppiges Buffet. Entlang der Ostküste lohnen sich Stopps an den hübsch gestalteten *miradouros*, vor allem an der *Ponta do Sossego* haben Sie eine grandiose Aussicht. Unterhalb der *Ponta da Madrugada* finden Sie mit der INSIDER TIPP *Praia do Lombo Gordo* eine tolle einsame Badestelle.

Subtropennatur mit Wasserfall: Ribeira dos Caldeirões

PICO DA VARA (143 F2) (*N6*)
Oberhalb von Algarvia führt eine schmale Straße hinauf zum Wanderpfad PR7 *(7 km | 3 Std.)*, der Sie über den Bergrücken *Planalto dos Graminhais* zum höchsten Punkt der Insel (1103 m) bringt. Noch schöner ist der Weg durch das Hochmoor, zu dem man von Achada aus gelangt. Unweit des Gipfels sehen Sie einen Gedenkstein für eine 1949 verunglückte Air-France-Maschine. Unter den Opfern war der Boxweltmeister Marcel Cerdan, der Geliebte von Edith Piaf.

POVOAÇÃO (143 E–F3) (*N6*)
In dieser Bucht kamen einst die ersten Siedler an Land, ein Denkmal im Hafen der Kreisstadt (2100 Ew.) erinnert daran. Die Kapelle *Nossa Senhora do Rosário* (16. Jh.) ist eine der ältesten der Insel. In einem der Cafés sollten Sie unbedingt *fofas*, mit Puddingcreme gefülltes Gebäck, probieren! Die Altstadt mit dem Rathaus aus dem 19. Jh. und der Pfarrkirche finden Sie unten am Meer, die anderen Wohngebiete ziehen sich wie ein Fächer sieben Höhenrücken (*lombas*) den Hang hinauf. Dazwischen haben die Bäche aus dem Hochland tiefe Flusstäler eingeschnitten. In einem dieser Täler können Sie in einer alten Dreschmühle das Weizenmuseum *Museu do Trigo (Mo–Fr 9–17, Sa/So 11–16 | Eintritt frei | Estrada Regional da Lomba do Alcaide)* besuchen.

RIBEIRA QUENTE (143 E3) (*N6*)
Der Name – „warmer Fluss" – des Fischerorts (770 Ew.) erklärt sich durch das warme Wasser, das von Furnas kommt und hier ins Meer fließt. Nach wie vor ist Fischfang die wichtigste Einnahmequelle, wie Sie am kleinen Hafen gut beobachten können. Den frischen Fisch probieren Sie am besten auf der Terrasse des Restaurants *O Garajau (nur im Sommer | Rua Dr. Frederico Moniz Pereira | Tel. 296584678 | €€)*. Am anderen Ende

des Orts liegt der kleine Strand. Ein großer Spaß ist es, im Wasser nach Stellen zu suchen, in denen es plötzlich warm wird – heiße Quellen im Meer sind die Ursache. Lust auf eine Wanderung in die Vergangenheit? Dann nehmen Sie von Povoação den schönen alten Verbindungsweg nach Ribeira Quente *(Trilho do Agrião | PR12 | 8 km | 3 Std.)*, bis 1940 war das Dorf nur über ihn zu Fuß erreichbar.

zu erkunden, ist die Fahrt von Lomba da Pedreira hinauf zum  *Pico Bartolomeu* (847 m), die Kurverei lohnt sich aber nur bei guter Sicht. Hier passieren Sie auch den hübsch gestalteten Waldpark *Parque Florestal da Pedreira* und das *Centro Ambiental Priolo (Winter unregelmäßig, Sommer Di–So 10–18 Uhr | Eintritt frei | Tel. 918 53 61 23)*, in dem Sie sich über den seltenen Azorengimpel

Alljährliche Prozession zur Festa do Senhor Santo Cristo vor dem Convento da Esperança

SALTO DO CAVALO
(143 E2) (⌘ N6)

Eine fantastische Aussicht über das Furnastal und bis Povoação haben Sie an wolkenfreien Tagen von diesem *miradouro* auf 805 m Höhe.

SERRA DA TRONQUEIRA
(143 F2) (⌘ N6)

Biegen Sie in Nordeste ab auf die kurvenreiche Straße durch das dicht bewaldete Gebirge. Genießen Sie unbedingt die Aussicht am  *Miradouro da Tronqueira*! Eine andere Möglichkeit, die Serra

und die Projekte zu seinem Schutz informieren können.

PONTA DELGADA

KARTE IM HINTEREN UMSCHLAG
(142 B3) (⌘ M6) **Wenn Sie gerade von einer der kleinen Inseln kommen und die letzten Urlaubstage „in der Stadt" verbringen möchten, könnte es sein, dass Sie einen Kulturschock erle-**

ben. Plötzlich gibt es wieder Verkehr, Ampeln, Staus, McDonald's und andere städtische Unannehmlichkeiten, die Sie „auf den Inseln", wie man den Rest der Azoren hier gerne nennt, ganz vergessen hatten.

Zwar hat die Stadt nur ca. 18 000 Einwohner, doch da die nächste richtige Metropole (Lissabon) zwei Flugstunden entfernt liegt, hat sich Ponta Delgada zum urbanen Zentrum der Azoren entwickelt. Wenn Sie mal wieder richtig ausgehen und etwas Auswahl beim Shoppen oder Speisen haben möchten, dann sind Sie hier richtig! Zu Beginn der Besiedlung war der Ort nur ein kleines Fischerdorf an der „dünnen Spitze" *(ponta delgada)* aus Lavagestein, die eine Art Naturhafen bildete. Nach dem Erdbeben von Vila Franca 1522 wurde Ponta Delgada 1546 zur Hauptstadt erklärt, worüber sich die Händler, die sich inzwischen hier angesiedelt hatten, sehr freuten.

Wenn Sie eine Pause brauchen oder Ihnen die schmalen Bürgersteige zu mühsam zum Spazieren sind, besuchen Sie einen der schönen Gärten, setzen Sie sich in eine der Kirchen oder schauen Sie sich die Stadt von oben an: Von der ☀ Anhöhe *Ermida da Nossa Senhora da Mãe de Deus* haben Sie einen wunderbaren Ausblick.

SEHENSWERTES

CAMPO SÃO FRANCISCO
(U B5) (⌘ *b5*)

Der schmucke Platz im Westen der Altstadt wird Sie allein durch seine riesigen Eisenholzbäume beeindrucken. Doch das Wichtigste hier ist das Frauenkloster *Convento da Esperança*. In seiner Klosterkirche *Igreja de Santo Cristo* wird die berühmteste Christusfigur der Azoren verehrt, der auch die alljährliche *Festa do Senhor Santo Cristo* zu verdanken ist. Die Figur war einst das Geschenk des Papstes,

CITY WOHIN ZUERST?

Parken Sie in der Tiefgarage der **Portas do Mar (U D–E5)** (⌘ *d–e5*) und machen Sie sich an der Uferpromenade auf zur Praça Gonçalo Velho Cabral. Dort sehen Sie das Stadttor Portas da Cidade und schräg dahinter das manuelinische Portal der Igreja Matriz. Spazieren Sie dann parallel zum Meer bis zum Campo de São Francisco mit der imposanten Barockkirche Igreja de São José und dem Kloster Convento da Esperança.

als eine Gruppe frommer Frauen 1541 die Genehmigung zur Gründung eines Klosters erbat. Nachdem die Nonne Teresa da Anunciada 1700 beim Beten vor der Statue eine Erscheinung erlebte, wurde die erste Prozession durchgeführt und der Kult begann. Schauen Sie in die Kirche: Dort erzählen *azulejos* die Geschichte der Nonne. An der Klostermauer erinnert der Anker mit dem Wort *esperança* („Hoffnung") an Antero de Quental, einen in Ponta Delgada geborenen Dichter und Sozialkritiker, der sich an dieser Stelle 1891 das Leben nahm.

Die barocke *Igreja de São José* stammt aus dem Jahr 1709 und gehörte zum ehemaligen Franziskanerkloster. In Richtung Meer schauen Sie auf die *Forte de São Brás*. Die Hafenfestung wurde im 16. Jh. zum Schutz gegen Piraten gebaut. Heute befindet sich in den altehrwürdigen Gemäuern das *Militärmuseum (Museu Militar dos Açores | tgl. 10–17.30 Uhr | Eintritt 3 Euro)*, beim Besuch kommen Sie auch in die alten Tunnelgänge und Gewölbe.

GRUTA DO CARVÃO ● (0) (⌘ *0*)
Nicht nur bei Regen lohnt sich ein Besuch in der Unterwelt! Mit Helm ausgestattet

steigen Sie nach unten in eine Lavaröhre, die knapp unter der Schnellstraße entlangführt. Bei der Führung erfahren Sie spannende Details zur Entstehung dieses rund 2,5 km langen Lavatunnels, der nahe der São-Brás-Festung endet. Weil Teile eingestürzt sind, ist er nicht durchgängig begehbar, doch schon das für Besucher zugängliche Stück ermöglicht Ihnen faszinierende Einblicke: In dem teilweise mehrstöckigen Lavatunnel sind gut die Schleifspuren der Gesteine zu erkennen, die hier einst in einem Lavastrom hindurchflossen. An der Decke und an den Wänden sehen Sie die erstarrten Lavatropfen – eine bizarre Welt ... *Führungen (ca. 1 Std.) Mai–Okt. tgl. 10.30, 11.30, 14.30, 15.30, 16.30 Uhr, Nov.–April nur Di–So | Eintritt 5 Euro | Rua do Paim | grutadocarvao.amigosdosacores.pt*

IGREJA MATRIZ (U C4–5) (📖 c4–5)
Die Hauptkirche aus dem 16. Jh. ist eines der besten Beispiele für Manuelinik auf den Azoren: Ihnen werden gleich die reich mit Seefahrersymbolen verzierten Kalksteinportale auffallen. Ursprünglich wurde die Kirche im Stil der typischen Inselgotik gebaut, später vermischte sie sich mit barocken Elementen. Im Inneren können Sie wertvolle Zedernholzschnitzereien sehen. *Largo da Matriz*

INSIDER TIPP ▶ JARDIM ANTÓNIO BORGES (U A–B 3–4) (📖 a–b 3–4)
Spazieren Sie durch den lauschigen Stadtgarten mit seiner romantischen Grottenlandschaft, er wird Sie vor allem mit dem gigantischen Gummibaum beeindrucken. Er wurde wie vieles andere im 19. Jh., in der Gründungszeit des Gartens, gepflanzt: António Borges war ein Ananasproduzent, der viel reiste und in seinem Privatgarten Pflanzen aus aller Welt zusammentrug. *Nov.–März tgl. 9–18, April–Okt. tgl. 9–20 Uhr | Eintritt frei | Rua António Borges*

JARDIM DO PALÁCIO DE SANT'ANA (U B–C 1–3) (📖 b–c 1–3)
Der klassizistische Palast ist heute Sitz des Regierungspräsidenten, sodass Sie das Gebäude nur von außen anschauen können. Doch ein Rundgang durch den herrschaftlichen Garten, vorbei an einem See und farbenprächtigen Blumenbeeten, ist erlaubt und absolut lohnenswert. Ausweis mitnehmen! *Di–Fr 10–16, Sa 13–17 Uhr | Eintritt 2 Euro | Rua José Jácome Correia*

JARDIM JOSÉ DO CANTO (U C2) (📖 c2)
Neben dem Jardim do Palácio de Sant'Ana wartet der nächste Garten auf Sie, im 19. Jh. im englischen Gartenbaustil angelegt. Von den einst 3000 Pflanzenarten sind nicht mehr alle erhalten, doch die riesigen Araukarien, Eukalyptus-, Eisenholz- und Gummibäume lohnen den Besuch. In einem Teil des nie ganz fertiggestellten klassizistischen *Palácio José do Canto* befindet sich das kleine Hotel *Casa do Jardim (14 Zi. | Tel. 2 96 65 03 10 | €€)*, in dessen Bar auch Parkbesucher willkommen sind. *Tgl., Okt.–März 9–17, April–Sept. 9–19 Uhr | Eintritt 3,50 Euro | Rua José do Canto 9 | www.josedocanto.com*

MUSEU CARLOS MACHADO & NÚCLEOS (U C4) (📖 c4)
Das wichtigste Inselmuseum verteilt sich auf drei *núcleos* (Zweigstellen): im *Convento de São André (Rua Guilherme Poças)*, einem ehemaligen Kloster aus dem 16. Jh., befindet sich die Hauptausstellung mit Gemälden, Skulpturen, historischem Spielzeug sowie volkskundlichen und naturhistorischen Exponaten. Das Museum für sakrale Kunst ist in Teilen des ehemaligen Jesuitenklosters *(Largo do Colégio)* untergebracht. Highlight ist die barocke Klosterkirche *Igreja do Colégio* (U C3) (📖 c3), die schon von außen mit ihrer Fassade aus Vulkangestein und geschweiften Giebeln

beeindruckt. Das *Núcleo de Santa Bárbara (Rua Dr. Carlos Machado)*, ein ehemaliges Klosterschülerinnen-Wohnheim aus dem 17. Jh., zeigt wechselnde Ausstellungen. *Di–So 9.30–17.30 Uhr | 2 Euro pro Núcleo, Kombiticket 5 Euro | museucarlosmachado. azores.gov.pt*

PORTAS DO MAR ⭐ (U D–E5) *(🗺 d–e5)*

Nirgendwo sonst auf den Azoren spüren Sie urbanes Flair so wie an der Uferfront Ponta Delgadas: Der portugiesische Star-architekt Manuel Salgado hat 2008 die postmoderne Anlegestelle für Kreuzfahrt-schiffe und Fähren *Portas do Mar* gebaut. Jetzt können Sie auf zwei Ebenen am Ufer entlangflanieren, die Yachten in der Marina bestaunen, in Cafés, Restaurants und Bars einkehren, die ☀ Aussichtstreppe der Zuschauertribüne erklimmen oder in der Badeanlage abtauchen.

PRAÇA GONÇALO VELHO CABRAL (U C5) *(🗺 c5)*

Einst befand sich anstelle dieses Platzes ein schmales Hafenbecken. Als es zu klein für den immer stärkeren Schiffsver-kehr wurde, schüttete man es zu – heute schreiten Sie trockenen Fußes durch das dreibogige Tor *Portas da Cidade* aus dem 18. Jh. in die Stadt. In der Mitte steht das Denkmal für Gonçalo Velho Cabral, den ersten Inselverwalter. Der Boden wurde kunstvoll gepflastert, Sie sehen z. B. Mo-saike von Ananas und anderen landwirt-schaftlichen Produkten. Richtung Westen erhebt sich hinter der Statue des Erzen-gels Michael, Schutzpatron der Insel, das Renaissance-Rathaus aus dem 16. Jh.

Nach dem Besuch der Igreja Matriz: *galão* und *pastel de nata* im Café

schem Fisch und anderen Tagesgerich-ten gibt. Abends wird es voll, Sie müssen reservieren! *Tgl. | Rua do Aljube 16 | Tel. 2 96 28 88 80 | €€*

ABRACADABRA (U B5) *(🗺 b5)*

Das beste Eis der Stadt! *Tgl. | Rua Dr. Gil Mont'Alverne Sequeira 2 B*

ADEGA REGIONAL (U C5) *(🗺 c5)*

Regionale Küche der alten Schule. Beson-ders gut sind das *bife regional* und der frische Fisch – was beim Tagesfang an Land gezogen wurde und auf dem Teller landet, erklären Ihnen Senhor Amadeu oder sein Sohn André. *Mo geschl. | Rua do Melo 70–72 | Tel. 2 96 28 47 40 | €€*

ANFITEATRO ☀ (U E5) *(🗺 e5)*

In dem an die Hotelschule angeschlos-senen Restaurant, das sich im Kreuz-

ESSEN &TRINKEN

A TASCA (U C4) *(🗺 c4)*

Rustikal, gemütlich und mitten in der Altstadt. Auf einer großen Tafel an der Wand lesen Sie, was es gerade an fri-

Nicht immer so menschenleer: Strand von São Roque

fahrtterminal befindet, haben Sie einen tollen Blick aufs Meer. Gekocht wird mit regionalen Produkten. Im Erdgeschoss gibt's Snacks. *Tgl. | Portas do Mar | Tel. 2 96 20 61 50 | www.facebook.com/EFTH. Anfiteatro/info | €€*

INSIDER TIPP ▶ DELICIAS DO MAR *(0) (* 0)*
Das hervorragende Fischlokal liegt etwas abseits des Zentrums, doch der Weg lohnt sich: Von der innovativen Vorspeise über den fangfrischen Fisch bis zum köstlichen Dessert werden Sie vom schnauzbärtigen Koch Quim bestens verwöhnt. *Sa-Mittag geschl. | Rua Medeiros de Albuquerque 6 | Tel. 2 96 38 31 03 | €€*

FORNERIA SÃO DINIS *(0) (* 0)*
Fahren Sie in den Stadtteil Santa Clara und besuchen Sie dieses „Ofenrestaurant": Hier kommt alles aus dem Holzofen oder vom Basaltstein, z. B. saftige Steaks und leckere Pizza. *Tgl. | Rua Padre Fernando Vieira Gomes 20 | Tel.*

2 96 28 62 38 | www.forneriasaodinis. com | €€

RESERVA BAR (U C5) *(* c5)*
Eine Tapasbar für Weinliebhaber! Gäste werden bei der Auswahl der Tropfen bestens beraten. Das Lokal ist klein, unbedingt reservieren! *Mo–Sa 18–22.30 Uhr | Travessa do Aterro 1 | Tel. 9 10 54 31 59 | www.facebook.com/reserva.bar | €€*

ROTAS DA ILHA VERDE (U C4) *(* c4)*
Sie sind Vegetarier? Dann werden Sie hier schnell zum Stammgast. Das einzige vegetarische Restaurant des Archipels zählt zu den besten Portugals, ohne Reservierung haben Sie keine Chance. *Sa-Abend und So geschl. | Rua Pedro Homem 49 | Tel. 96 62 85 60 | €€*

EINKAUFEN

LOUVRE MICHAELENSE (U C4) *(* c4)*
Der historische Kaufmannsladen hat als eine Mischung aus Café, Snackbar und

kulinarischem Andenkenlädchen im bunten Vintage-Stil neu eröffnet. Hier finden Sie regionale Produkte wie Tee, Thunfisch und Marmeladen. *Rua Antonio José d'Almeida 8 | www.facebook.com/louvremichaelense*

MERCADO DA GRAÇA (U D4) (*m d4*)
In der Markthalle bieten die Händler Obst, Gemüse und Blumen feil, aber auch Leckereien, die Sie zu Hause nicht überall bekommen: den würzigen Azorenkäse und eine große Auswahl an Ananas in allen Reifestufen. *Rua do Mercado*

PARQUE ATLÂNTICO ● (U B3) (*m b3*)
Das einzige Shoppingcenter der Azoren sorgt für Neid auf den kleineren Inseln. Hier können Sie auch bei Regen bummeln, snacken, ins Kino gehen und im *Hipermercado Continente* die Riesenauswahl bestaunen. *Rua da Juventude | www.parqueatlanticoshopping.pt*

STRÄNDE

Zum Baden fährt die halbe Stadt im Sommer an die Strände von *São Roque*: Mischen Sie sich an der *Praia das Melícias* oder der *Praia do Pópulo* unters Volk. Die andere Hälfte der Stadtbewohner springt in der Badeanlage der *Portas do Mar (Eintritt frei)* ins Meer oder geht ins Freibad *(Piscinas Municipais de São Pedro | Eintritt 2,50 Euro)* nebenan.

AM ABEND

BAR DO PI (U E5) (*m e5*)
Wenn Sie fast am Ende der Flaniermole der Portas do Mar angekommen sind, können Sie sich hier in der Bar auf einen leckeren Cocktail freuen! Am Wochenende legen DJs auf. *Tgl. 14–4 Uhr | Portas do Mar | Loja 1 | www.facebook.com/bardopi*

INSIDER TIPP CAIS DA SARDINHA (U C5) (*m c5*)
Wenn Sie am Abend lauschig am Wasser sitzen möchten, nehmen Sie am besten einen Drink am „Sardinenkai"! Manchmal gibt es Livemusik: z. B. Gitarrenmusik, Coverbands, Chilliges oder Jazz. *Tgl. | Av. Marginal Infante D. Henrique*

CANTINHO DOS ANJOS (U C4) (*m c4*)
Die Eckkneipe ist Kult! Innen schummriger Seglertreff, bei schönem Wetter sitzen Sie draußen auf der Straße. *Tgl. | Rua Hintze Ribeiro 83 | www.facebook.com/cantinhodosanjos01*

COLÉGIO 27 (U C4) (*m c4*)
In dem schmucken Gewölbelokal können Sie erst stilvoll speisen, dann den Liveauftritten der Jazz- oder Fadogruppen lauschen. *Mo geschl. | Rua Carvalho Araújo 27*

LISBOA MENINA & MOÇA (U C4) (*m c4*)
Eine Hommage an den Fado von Lissabon. Dabei steht der Fado von Ponta Delgada dem Original in nichts nach. *Tgl. 19–4 Uhr | Rua Manuel Inácio Correia 34–38*

TEATRO MICAELENSE (U D4) (*m d4*)
Im Stadttheater von Ponta Delgada finden neben Theater und Lesungen recht häufig Konzerte statt. Guter Platz für einen Absacker nach dem Kulturevent: die Theaterbar im Glaskasten nebenan. *Largo de São João | www.teatromicaelense.pt*

ÜBERNACHTEN

CASA DA ILHA (0) (*m 0*)
Die kleine Pension liegt im Osten der Stadt, die hellen Zimmer sind gemütlich eingerichtet und Nicolau ist Ihnen mit Infos behilflich. Mit den zwei Leihrädern sind Sie in zehn Minuten am Strand von São Roque. *6*

Zi. | Rua da Pranchinha 17 | Tel. 919 47 97 13 | www.facebook.com/casadilha | €

CASA HINTZE RIBEIRO (U C4) (*📖 c4*)

Mit Sorgfalt wurde das mitten im Zentrum gelegene Stadthaus renoviert, mit Liebe zum Detail und zur Poesie dekoriert. Hier nächtigen Sie stilvoll und zentral in Apartments. *22 Zi. | Rua Hintze Ribeiro 62 | Tel. 2 96 30 43 40 | www.casahintze ribeiro.com | €€€*

MARINA ATLÂNTICO (U E4) (*📖 e4*)

Die 🌿 Zimmer zum Meer hin bieten eine tolle Aussicht, im Untergeschoss finden Sie einen Indoorpool und eine Sauna. *184 Zi. | Av. João Bosco Mota Amaral 1 | Tel. 2 96 30 79 00 | www.bensaude.pt/ hotelmarinaatlantico | €€€*

AUSKUNFT

DELEGAÇÃO DE TURISMO DE SÃO MIGUEL (U C5) (*📖 c5*)

Av. Infante D. Henrique | Tel. 2 96 30 86 10 Ein weiteres Tourismusbüro befindet sich am Flughafen.

ZIELE IN DER UMGEBUNG

CAPELAS (142 B2) (*📖 M6*)

In dem einst für seinen Ananas- und Weinanbau bekannten Örtchen sehen Sie noch einige Anwesen aus dem 18./19. Jh. Bis in die 1970er-Jahre wurden Wale gefangen, von der Walfabrik nahe der beliebten Naturbadeanlage *Piscinas Naturais* sehen Sie heute nur noch den Schornstein. Zum Walausguck, der 🌿 *vigía*, gelangen Sie, wenn Sie oberhalb der Fischerbucht den Weg nach Osten nehmen. Im *Oficina Museu das Capelas (Mo–Sa 9–12 u. 13–17 Uhr | Eintritt 2 Euro | Rua do Loural 56)*, einem herzigen Privatmuseum, sehen Sie in ethnologischen Ausstellungen, wie früher gearbeitet und gelebt wurde. Auch im urigen Restaurant *Canto do Cais (So–Mittag geschl. | Rua de São Pedro 3 | Tel. 9 14 78 52 92 | €€)* hängen historische Utensilien wie Walfangharpunen an den Wänden. Senhor Eleutério geht selbst noch fischen, allerdings keine Wale, sondern Fisch für Ihren Teller. Im etwas kastenartigen, aber ruhigen 🌿 *Hotel Vale do Navio (74 Zi. | Rua Do Navio 47 | Tel. 2 96 98 00 90 | www.hotelvaledonavio.com | €€)* haben Sie schöne Ausblicke zum Meer oder über das vulkanische Inselinnere.

FAJÃ DE BAIXO (142 B3) (*📖 M6*)

Im Vorort Ponta Delgadas sehen Sie viele weiß gekalkte Ananasgewächshäuser. Die erste Plantage entstand, als 1864 die Orangenproduktion durch Schädlingsbefall zum Erliegen kam. Auch die Zucht der tropischen Ananas ist nicht einfach: Die aus Ablegern gezogenen Jungpflanzen sind ein halbes Jahr auf ein Frühbeet mit täglicher Bewässerung bei etwa 30 Grad angewiesen. Dann werden sie in bis zu 50 Grad heiße Treibhäuser umgepflanzt, die mehrmals geräuchert werden müssen, um die Blüte anzuregen. Es braucht insgesamt etwa 18 Monate, bis die Frucht geerntet werden kann. In den Tropen geht die Zucht sehr viel schneller und ohne Gewächshaus – insofern müssen Sie für die Azoreananas mehr bezahlen als für die im deutschen Supermarkt. Probieren Sie aber unbedingt den Geschmacksunterschied und schauen Sie sich die Plantagen an: ● *Arruda (tgl. 9–20, Winter bis 18 Uhr | Eintritt frei | Rua Dr. Augusto Arruda | Tel. 2 96 38 44 38)* und *Quinta das 3 Cruzes (tgl. 9–19.30, Winter bis 18 Uhr | Eintritt frei | Rua José Manuel Bernardo Cabral | Tel. 9 18 20 96 91)*

FERRARIA (142 A1) (*📖 M6*)

An der Westspitze der Insel leuchtet der 1901 gebaute Leuchtturm Schiffen den

Im früheren Walfängerort herrscht beschauliche Dorfidylle: Capelas

Weg. Vom *Miradouro da Ponta da Ferraria* haben Sie einen schönen Blick darauf. Unten an der Küste warten Wellnesshighlights: In den *Termas da Ferraria (Di–So 11–19 Uhr | Außenpool Eintritt 6 Euro | Rua Ilha Sabrina | Ginetes | www.termasferraria. com)* können Sie sich im heißen, schwefelhaltigen Thermalwasser entspannen, es hilft bei Rheuma- und Nervenleiden. Im Badehaus genießen Sie Massagen und andere Anwendungen. Das dazugehörige Café-Restaurant *(Tel. 2 96 29 56 69 | €€)* serviert Snacks, am Wochenende öffnet es zum romantischen Abendessen.

Abenteuerlicher als im Pool, aber dafür gratis, ● baden Sie im warmen Meer: Ein Pfad führt zur kleinen Bucht, deren Wasser bei Ebbe durch heiße Quellen auf bis zu 40 Grad aufgeheizt wird. Halten Sie sich bei leichter Brandung am Seil fest und genießen Sie das natürliche Wellenbad! Bei Flut spüren Sie die Wärme kaum, da sich das warme zu sehr mit kaltem Meerwasser mischt.

LAGOA (142 C3) *(⌖ N6)*

Die östlich von Ponta Delgada gelegene Kreisstadt (ca. 9000 Ew.) ist berühmt für ihre Keramikproduktion. In der *Fábrica de Cerâmica Vieira (Sommer Mo–Fr 8–12 u. 13–17, Sa 9–12.45, Winter Mo–Fr 9–12 u. 13–18, Sa 9–12.45 Uhr | Rua das Alminhas 12)* können Sie sich die hübsche *Louça da Lagoa* (Keramik) anschauen. Dank des geschützten Fischerhafens *Porto dos Carneiros* ist Lagoa einer der besten Orte, um frischen Fisch zu essen, z. B. im *Traineira (tgl. | Rua Dr. José Pereira Boltelho | Tel. 2 96 96 52 49 | €)*. Sie möchten in Lagoa übernachten? Die auf Nachhaltigkeit bedachte ❂ *Quinta da Santa Bárbara (Canada de Santa Bárbara 40 | Tel. 2 96 96 53 06 | www.quintasantabarbara.pt | €€€)* hat einen tollen Pool, Sauna, Jacuzzi und 6 moderne Bungalows. Zum Anwesen gehört eines der besten Restaurants *(Paladares da Quinta | So-Abend und Mo geschl. | www.paladares daquinta.pt | €€€)* der Insel.

Von der Lagoa do Canário können Sie zu diesem Aussichtspunkt der Caldeira das Sete Cidades wandern

MOSTEIROS (142 A1) (🗺 M6)

Einen guten Blick auf das Dorf mit den im Meer vorgelagerten Felsblöcken haben Sie vom 🌿 *Miradouro Ponta do Escalvado* bei Várzea. Das Fischerdorf ist wegen der schönen Badestellen beliebt: Sie finden im Südwesten des Ortes einen Sandstrand, nördlich gibt es mit den *piscinas naturais* eine tolle Felsbadeanlage mit Naturpools. Auf dem Wanderweg zum 🌿 *Atalho dos Vermelhos (PR33 | 5,4 km | 2 Std.)* bei João Bom haben Sie wundervolle Aussichten auf die zerklüftete Küste.

PINHAL DA PAZ (142 B2) (🗺 M6)

Um zu dem fast 50 ha großen Waldpark mit Themengärten, Buchsbaumlabyrinth, Mountainbike- und Joggingstrecken zu gelangen, folgen Sie den Schildern oberhalb von Fajã de Cima. Steigen Sie hinauf zum 🌿 *miradouro* an der höchsten Stelle des Parks, hier haben Sie eine tolle Aussicht über Ponta Delgada. *Juni–Sept. Mo–Fr 8–19, Sa/So 10–20, sonst Mo–Fr 8–18, Sa/So 10–18 Uhr | Eintritt frei*

SETE CIDADES ⭐ (142 A1–2) (🗺 M6)

Die malerische Kraterlandschaft im Westen der Insel gehört zu den absoluten Highlights des gesamten Archipels. Schon der Weg hinauf ist ein aussichtsreiches Erlebnis: Wenn Sie über Relva fahren, halten Sie am küstennahen 🌿 *Miradouro do Caminho Novo* für einen Fotostopp, bei der Fahrt über die ER8 in die *Serra Devassa* haben Sie am *Pico do Carvão* einen Blick über die halbe Insel. Oben am Kraterrand genießen Sie die königliche Aussicht vom 🌿 *Miradouro Vista do Rei*. Hier auf 550 m Höhe stehen Sie allerdings manchmal in den Wolken, was auch dazu führte, dass das Hotel neben Ihnen inzwischen eine Ruine ist. Die höchste Stelle der Kraterlandschaft ist der *Pico das Éguas* (873 m) nahe der lauschigen Parkanlage *Lagoa do Canário*. Im Krater selbst trennt eine Brücke den grünen vom blauen Teil des Sees. Ein einmaliges Erlebnis ist eine Kajaktour (s. S. 118). 800 Menschen leben im Kraterdorf *Sete Cidades*, die neogotische *Igreja*

São Nicolau erreichen Sie über eine idyllische Allee. Gegenüber der Kirche können Sie im *Esplanadencafé São Nicolau (tgl. | Rua da Igreja 20 | Tel. 2 96 29 55 89 | €)* auf einen Snack einkehren.

Einen schönen Picknickplatz finden Sie nördlich des Dorfs an der Stelle, wo in den 1930er-Jahren ein 1,2 km langer Überlauftunnel in den Kraterrand gebohrt wurde, um der Überschwemmungen bei zu viel Regen Herr zu werden. Mit einer Taschenlampe können Sie den Tunnel, früher auch Verbindungsweg zur Nordküste, durchlaufen. Am Seeufer im Dorf bietet sich das gläserne *Café Green Love (tgl.)* für eine Kaffeepause an.

RIBEIRA GRANDE

(142 C2) *(𝔐 N6)* **Baden an einem der schönsten Strände der Azoren, sehenswerte Museen und hübsche Kirchen be-** **suchen – in Ribeira Grande können Sie sogar bei Regen einen abwechslungsreichen Tag verbringen.**

Die zweitgrößte Stadt der Insel (6400 Ew.) und die wichtigste an der Nordküste liegt auf beiden Seiten des Ribeira Grande, der einst 14 Wassermühlen zum Mahlen des Getreides antrieb, das in der fruchtbaren Region gepflanzt wurde. Die Ende des 19. Jhs. gebaute, achtbogige Brücke *Ponte dos Oito Arcos* gilt als Wahrzeichen der Stadt. Spazieren Sie an stattlichen Häusern aus dem 18. Jh. vorbei oder an der Küstenpromenade entlang.

SEHENSWERTES

CASA DO ARCANO

In dem Museum können Sie tausende biblische Miniaturfiguren bewundern, die im 19. Jh. die Nonne Madre Margarida Isabel in mühevoller Hingabe modellierte. *Mo–Fr 9–17 Uhr | Eintritt 2 Euro | Rua João d'Horta*

INSIDER TIPP CENTRO DE ARTES CONTEMPORÂNEAS – ARQUPÉLAGO

Schon die gelungene Mischung aus Kunstmuseum und Industriedenkmal ist sagenhaft, ganz zu schweigen von den hochwertigen zeitgenössischen Ausstellungen in den weitläufigen Räumen einer ehemaligen Tabakfabrik. Auf der ☀ Dachterrasse können Sie bei bester Aussicht einen Kaffee trinken. *Di–So 10–18 Uhr | Eintritt 3 Euro, So frei | Rua Adolfo Coutinho de Medeiros | arquipelagocentrodeartes.azores.gov.pt*

IGREJA DA MISERICÓRDIA

Die an ihrer barocken Außenfassade aufwendig mit Heiliggeistsymbolen verzierte Kirche aus dem 18. Jh. beherbergt in ihrem schlichten Inneren ein Gemälde, das Jesus beim Tragen des Kreuzes zeigt und dessentwegen die Kirche auch *Igreja do Senhor dos Passos* genannt wird. Dem Bild verdankt der Ort an jedem zweiten Sonntag in der Fastenzeit eine Prozession, die der Passion Christi gewidmet ist. *Rua do Espírito Santo*

MUSEU EMIGRANTE AÇORIANO

Das Thema Auswanderung zieht sich durch die Jahrhunderte der azorianischen Geschichte. Im anschaulichen Museum in der ehemaligen Markthalle erfahren Sie, was die Menschen zur Emigration bewegte, wohin es sie zog und wie es ihnen in der neuen Heimat erging. *Mo–Fr 9–17 Uhr | Eintritt 1 Euro | Rua da Estrela | mea.cm-ribeiragrande.pt*

MUSEU MUNICIPAL

In einem alten Herrenhaus ist das völkerkundliche Stadtmuseum untergebracht. Sie finden eine interessante Fliesenausstellung, Exponate zu alten Berufen und eine riesige Krippenlandschaft. *Mo–Fr 9–17 Uhr | Eintritt 1 Euro | Rua de São Vicente*

MUSEU VIVO DO FRANCISCANISMO

Im ehemaligen Franziskanerkloster finden Sie eine Ausstellung von Figuren, die traditionell zur Fastenzeit bei den Prozessionen genutzt werden. Sie können auch den ☀ Kirchturm besteigen und einen Film zur Klostergeschichte anschauen. *Mo–Fr 9–17 Uhr | Eintritt 1 Euro | Rua de São Francisco*

PAÇOS DO CONCELHO

Das mehrmals vergrößerte Rathaus mit dem eindrucksvollen Glockenturm und der Tordurchfahrt bekam im 18. Jh. seine heutige Form. Besonderes Überbleibsel aus dem 16. Jh.: das manuelinische Fenster mit exotischen Tieren und Pflanzen an der Ostseite. Prachtvolle Pflanzen und riesige Eisenholzbäume können Sie im Stadtgarten vor dem Rathaus und im Park am Flussufer bewundern. *Largo do Conselheiro Hintze Ribeiro*

ESSEN & TRINKEN

A LA BOTE ☀

Bei tollem Meerblick speisen Sie an der Strandpromenade inseltypische Gerichte oder ein leckeres vegetarisches Gemüsecurry. *Tgl. | Rua East Providence 68 | Tel. 2 96 47 35 16 | www.alabote.net | €€*

JÁ AGORA

In einer Seitenstraße nahe dem Centro de Artes Contemporâneas können Sie sich unter die Einheimischen mischen, die den schnellen Service und die schmackhaften Tagesgerichte zu schätzen wissen. *So geschl. | Rua Cidade de Laval 22 | Tel. 2 96 47 77 65 | www.jagora.net | €*

EINKAUFEN

MULHER DO CAPOTE

In der berühmtesten Likörfabrik der Azoren können Sie nicht nur kaufen – Sie werden auch (kostenlos) durch die Fabrik geführt, erfahren, wie der Produktionsprozess abläuft, und dürfen Maracujalikör, Aguardente und Co. probieren. *Mo–Fr 9–12 u. 13–18 Uhr | Rua do Berquó 12*

STRÄNDE

Sonnenbaden und surfen können Sie an der ⭐ *Praia de Santa Bárbara*, einem der schönsten Strände der Azoren. Das Meer ist manchmal etwas rau, im Sommer passen Rettungsschwimmer auf. In den *Piscinas Municipais das Poças (Sommer tgl. 9–19 Uhr | Eintritt 1,50 Euro)*, der direkt am Meer gelegenen Salzwasserbadeanlage, sind Sie vor Wellen sicher.

AM ABEND

TEATRO RIBEIRAGRANDENSE

Das 1922 neben dem Fluss erbaute Theater wurde aufwendig renoviert und dient

Wartet direkt neben dem Atlantik auf wellenscheue Badegäste: Becken der Piscinas Municipais

jetzt als Kulturzentrum für Kino-, Theater- und Musikveranstaltungen. *Largo 5 de Outubro | cultura.cm-ribeiragrande.pt*

INSIDER TIPP ▶ TU·KÁ·TU·LÁ

In der loungigen Strandbar lässt es sich auch nach Sonnenuntergang gut aushalten. Trinken Sie einen Cocktail und lauschen Sie der chilligen Musik oder den Wellen. *Mo geschl. | Praia de Santa Bárbara*

ÜBERNACHTEN

CASA DA CASCATA
Mit viel Liebe und hellem Holz wurde das alte Stadthaus in ein ansehnliches Gästehaus verwandelt. Vanessa hilft mit Tipps weiter. *5 Zi. (teilw. mit Gemeinschaftsbad) | Largo Gaspar Frutuoso 33 | Tel. 9 19 79 71 83 | www.facebook.com/ACasadaCascata | €*

SANTA BÁRBARA ECO RESORT 🌱
Richtig schöne Strandhotels finden Sie selten auf den Azoren – umso besser, dass es jetzt an der Praia de Santa Bárba-ra dieses aus Naturmaterialien gestaltete Bungalowresort gibt. Sie haben einen 🌿 Pool mit Meerblick, einen direkten Strandzugang und ein stylishes Restaurant, in dem es auch leckeres Sushi gibt. *14 Ap. | ER 1 | Morro de Baixo | santabar-baraazores.com | €€€*

AUSKUNFT

POSTO DE TURISMO
Central Rodoviária | Rua Luis de Camões | Tel. 2 96 47 43 32

ZIELE IN DER UMGEBUNG

CALDEIRA VELHA ● (142 C2) (𝕨 N6)
Eine Open-Air-Badewanne, 7 km südöst-lich von Ribeira Grande! Legen Sie sich ins 37 Grad warme Wasser, schauen Sie auf die Baumfarne um sich herum, und fühlen Sie sich wie im Paradies! Mehr-mals täglich gibt es Führungen zur Quel-le des warmen Wassers am oberen Was-serfall, das von dort an den Fumarolen

Beinahe wie im Paradies: am Wasserfall der Caldeira Velha

vorbeigeleitet und so für das Badebecken aufgeheizt wird. Im Besucherzentrum erfahren Sie mehr zur Geologie und Hydrologie der Region. *Tgl., April–Sept. 9–20.30, März/Okt. 10–18, Nov.–Feb. 9–17 Uhr | Eintritt 2 Euro | ER da Lagoa do Fogo*

CALDEIRAS UND LOMBADAS
(143 D2) ( *N6*)

Das historische Kurhaus an den heißen Quellen ist momentan nicht in Betrieb, Sie können sich aber die alten Badewannen anschauen. Auch hier finden Sie *Cozido*-Kochstellen in Erdlöchern, sonntags gibt es im Restaurant *Caldeiras (Mo geschl. | Largo Caldeiras da Ribeira Grande | Tel. 2 96 47 43 07 | €€)* **INSIDER TIPP** ein üppiges *Cozido*-Buffet für nur 12 Euro. Wenn Sie den schmalen Pflasterweg weiter hinauffahren, kommen Sie ins Quellgebiet der Ribeira Grande. Gehen Sie auf der anderen Flussseite etwas flussabwärts am Ufer entlang, treffen Sie auf eine frei zugängliche Quelle. Aus dem Wasserhahn läuft mineralhaltiges Wasser in den Fluss.

LAGOA DO FOGO ★
(143 D2–3) (*N6*)

Nicht selten sehen Sie hier oben nichts als Wolken, doch bei Sonnenschein sorgt der naturbelassene Kratersee auf 610 m Höhe mit seinem türkisblauen Wasser und dem hellen Sandstrand aus zermahlenem Bimsstein für karibische Gefühle. Vom unteren Aussichtspunkt aus können Sie hinunterwandern *(Fußweg ca. 45 Min.)* und im 25 m tiefen See baden. Unterhalb des 936 m hohen *Pico Barroso* mit seinen Antennenmasten finden Sie einen weiteren *miradouro*.

Ein schöner Wanderweg *(PR2 | 11 km | ca. 4 Std.)* führt von *Água d'Alto* zum Steg am Südufer. Passen Sie auf, See und Ufer sind Vogelschutzgebiet, zur Brutzeit können die Möwen aggressiv sein.

PORTO FORMOSO (143 D2) (*N6*)

Auf dem Weg zum „hübschen Hafen" halten Sie am *Miradouro de Santa Iria* – die Aussicht über die Nordküste ist fabelhaft. Das lang gezogene, schmale

Fischerörtchen ist bekannt für seine Sandstrände, allerdings wird das Parken an heißen Sommertagen zum Problem. In der gemütlichen Kneipe *O Moinho* (Mo geschl. | Tel. 2 96 44 21 10 | €€) in der alten Wassermühle an der Praia dos Moinhos können Sie köstliche *lapas* (Napfschnecken) probieren.

RABO DE PEIXE (142 C2) (*M N6*)

Übersetzt heißt der Ort „Fischschwanz", es ist einer der größten Fischereihäfen des Archipels. Hier werden die engagiertesten Heiliggeistfeste der Insel gefeiert. In der ⊙ *Quinta dos Sabores (Mo geschl. | Rua Caminho Da Selada 10 | Tel. 9 17 00 30 20 | Reservierungspflicht | €€€)* bekommen Sie ein Überraschungsmenü: Inês zaubert beispielsweise frisch gefangenen Fisch zusammen mit auf dem Hof geernteten Produkten kunstvoll auf die Teller.

Spannend ist auch das ⊙ *Projekt Minuvida (5 Zi. | Rua de São João 48 | Areias | Tel. 9 11 89 55 91 | www.minuvida.com | €€€)* von Mimi und João: Das azorianisch-US-amerikanische Pärchen empfängt Sie mit offenen Armen in seiner *Orchard Lodge* und bietet Ihnen neben der Unterkunft ganzheitliche Erlebnisse beim Yoga, Wandern oder gemeinsamen Essen.

TEEPLANTAGEN ● (143 D2) (*M N6*)

Nahezu einzigartig in Europa sind die Teeplantagen oberhalb von São Brás und Maia. Zwei sind noch übrig, beide können Sie kostenlos besichtigen, um den Azoreentee zu probieren und ein Päckchen Grün- oder Schwarztee zu kaufen. Geerntet und verarbeitet wird im Sommerhalbjahr, dann können Sie zuschauen, wie die fast schon musealen Maschinen funktionieren. *Chá Gorreana | Mo–Fr 8–20, Sa/ So 9–20 Uhr | Gorreana 304 | gorreana. pt* oder ⚘ *Chá Porto Formoso | Mo–Sa 9–17, Sommer bis 18 Uhr | Estrada Regional 24 | www.chaportoformoso.com*

VILA FRANCA DO CAMPO

(143 D3) (*M N6*) **Dass sich die natürliche Bucht über einer tektonischen Verwerfung befand, haben die ersten Siedler nicht geahnt, und so wurden sie 1522 von einem zerstörerischen Erdbeben überrascht. Doch haben Sie keine Angst, nun ist es schon lange ruhig** ...

Flanieren Sie wie die Einheimischen über die hübsch angelegte Hafenpromenade, streifen Sie durch die Gassen und über die kleinen Plätze oder setzen Sie sich im lebhaften Stadtgarten unter die großen Magnolienbäume. Vila Franca (4100 Ew.), bis zum Erdbeben Inselhauptstadt, lebt noch immer von der Fischerei, inzwischen aber auch vom Bade-, Tauch- und Whalewatching-Tourismus. Neben dem Fischerhafen wurden eine Marina angelegt und das gleichnamige Hotel eröffnet, dahinter erreichen Sie den dunklen Sandstrand der *Praia Vinha D'Areia*. Die Region ist klimatisch günstig für Obstanbau, sodass Sie oberhalb der Stadt mehrere Ananas- und Bananenplantagen sehen. In Vila Franca wird ständig gefeiert, wundern Sie sich also nicht, wenn Sie unversehens in irgendeine Prozession geraten.

SEHENSWERTES

ILHÉU

Die direkt vorgelagerte Vulkaninsel mit dem natürlichen Pool in der Mitte wird alljährlich zum Schauplatz der *Red Bull Cliffjumping-Meisterschaften*. Doch vor allem ist sie ein `INSIDER TIPP` ▸ phantastischer Ort zum Baden und Schnorcheln.

Aber kommen Sie rechtzeitig, im Sommer fahren die Boote *(5 Euro hin und zurück)* zwar stündlich von der Marina aus hinüber, die Besucherzahl auf der zum Vogelschutzgebiet erklärten Insel ist aber beschränkt.

JARDIM ANTERO DE QUENTAL

Am hübschen Stadtgarten mit seinen schattigen Parkbänken können Sie zwei Kirchen besichtigen: Die dem Erzengel Michael, dem Patron der Insel, geweihte *Igreja Matriz* stammt ursprünglich aus dem 15. Jh., sie wurde nach dem Erdbeben in einfacher Gotik wieder errichtet. Die *Igreja da Misericórdia* gehörte schon immer zum Krankenhaus, sie beherbergt den *Senhor da Pedra*, eine Jesusfigur, die auf einem Stein sitzt und Kranke heilen kann. Ihm zu Ehren findet Anfang September eines der größten Stadtfeste statt.

NOSSA SENHORA DA PAZ ☀

Über einen beeindruckenden Treppenaufgang steigen Sie hinauf zur wichtigsten Wallfahrtskapelle des Archipels. Im 16. Jh. brachte ein Hirte die hier auf dem Hügel entdeckte Madonnenstatue in die Hauptkirche, doch man fand sie immer oben am Hügel wieder, bis man ihr dort eine Kapelle baute. Oben erwartet Sie eine grandiose Aussicht über die Stadt und den Ilhéu. Während der Kolonialkriege der 1960er/70er-Jahre beteten hier viele Mütter für Frieden und für die Rückkehr ihrer Söhne aus Afrika.

ESSEN & TRINKEN

ATLÂNTICO

Hier in Hafennähe bekommen Sie selbstverständlich den besten frischen Fisch, von der ☀ Dachterrasse haben Sie zudem eine schöne Aussicht aufs Meer. Die Gerichte werden mit ungewöhnlich schmackhaftem Gemüse zube-

reitet – eine Seltenheit auf den Azoren! *Mo geschl. | Rua Vasco da Silveira 16 | Tel. 2 96 58 33 60 | €€*

EINKAUFEN

QUEIJADAS DA VILA

Die für Vila Franca typischen süßen Rührteigküchlein, die einst von den Nonnen im Convento de Santo André erfunden wurden, finden Sie z. B. bei *Queijadas do Morgado (Rua do Penedo 20)*.

AM ABEND

In den Bars der Marina ist auch zu später Stunde noch was los. Wenn Sie untouristische, originelle Kneipen suchen, fahren Sie in den Nachbarort *Ponta Garça* und mischen Sie sich in der *Volksbar* oder im *Full Rock Café (beide Rua da Igreja)* unter die Einheimischen.

ÜBERNACHTEN

CONVENTO DE SÃO FRANCISCO

Das festungsähnliche Franziskanerkloster aus dem 17. Jh. wurde in eine edle Herberge mit Antiquariatscharakter verwandelt. Direkt nebenan können Sie durch den exotischen Stadtgarten *Jardim António Silva Cabral* flanieren. *12 Zi. | Av. Liberdade | Tel. 9 62 65 15 93 | www.conventosaofrancisco.net | €€€*

QUINTA DOS CURUBÁS ☻

Auf dem malerischen Anwesen etwas östlich von Vila Franca wird Wert auf Nachhaltigkeit gelegt, man nutzt etwa Regenwasser für die WC-Spülungen und zur Bewässerung des weitläufigen Gartens. Sie werden zur Begrüßung mit Obst vom Hof verwöhnt. *5 Chalets aus Kiefernholz | Estrada Regional 1 | Ribeira Seca | Tel. 9 61 73 98 80 | www.quintadoscurubas.com | €€–€€€*

Ein Traum! Strand bei Caloura am südlichsten Zipfel der Insel

AUSKUNFT

POSTO DE TURISMO
Rua Dr. Mendonça Dias | Tel. 2 96 58 22 13

ZIELE IN DER UMGEBUNG

CALOURA (142 C3) (*N6*)
Die Landschaft am südlichsten Punkt der Insel ist so malerisch, dass vielleicht auch Sie – wie viele Azorianer – hier gern eine Ferienvilla besäßen. Im *Castelo Centro Cultural (Mo–Sa 10.30–12.30 u. 13.30–17.30 Uhr | Eintritt 2 Euro | Canada do Castelo | www.cccaloura.com)* zeigt der lokale Künstler Thomáz de Borba Vieira seine Werke. Am östlichen Rand der Landzunge finden Sie einen idyllischen Fischerhafen, kehren Sie unbedingt in der **INSIDERTIPP** *Caloura Bar (tgl. | Rua da Caloura 20 | Tel. 2 96 91 32 83 | €€)* ein und kosten Sie den frischen Fisch! Baden können Sie an den zwei Sandbuchten am westlichen Rand. Wenn Sie im exklusiven Ort Caloura übernachten möchten, finden Sie im *Caloura Hotel Resort (82 Zi. | Rua do Jubileu 27 | Tel. 2 96 96 09 00 | www.calourahotel. com | €€€)* mit seinem schön gelegenen Pool beste Bedingungen. Einen tollen Blick auf Caloura haben Sie vom *Miradouro do Pisão* an der alten Straße zwischen Água de Pau und dem langen Sandstrand Praia de Baía d'Alto.

INSIDERTIPP **LAGOA DO CONGRO** (143 D3) (*N6*)
Dieser traumhafte See liegt gut im Wald versteckt. Von der ER 4–2 zwischen Vila Franca und der Nordküste weist ein Schild nach links in einen Feldweg, Sie fahren nun bis zu einem weiteren Schild. Dann geht es zu Fuß weiter: Auf dem Wanderpfad erreichen Sie den See in etwa 20 Minuten, er liegt ca. 100 m tiefer. Entstanden ist das Maar durch den Kontakt von Grundwasser mit Magma. Die Eruptionen ließen einen Krater entstehen, der von dem inzwischen dicht bewaldeten Tuffring begrenzt wird.

SANTA MARIA

Santa Maria gehört zu den kleinen, zu Unrecht meistens links liegen gelassenen Inseln. Dabei sorgte der 1944 von den US-Amerikanern zunächst als Militärstützpunkt angelegte Flughafen im ungewöhnlich flachen Westteil jahrelang für prosperierende Zeiten. Alles, was mit Propellern den Atlantik überquerte, musste nämlich bis in die 1970er-Jahre zum Tankstopp hier zwischenlanden. Gut bezahlte Jobs am Flughafen zogen auch Bewohner anderer Inseln an, und so stieg die Einwohnerzahl zwischenzeitlich bis auf 13 000 an.

Heute leben auf der südlichsten, geologisch ältesten und klimatisch vorteilhaftesten Insel nur noch 5500 Menschen. Im Sommer jedoch füllen sich die hübschen, weiß getünchten Häuser mit Emigranten aus Amerika, die in ihre alte Heimat zurückkehren. Buchen Sie also rechtzeitig, denn die wenigen Hotels und Ferienwohnungen sind schnell ausgebucht – vor allem wenn an der Praia Formosa mit der legendären *Maré de Agosto* das größte Musikfestival der Azoren stattfindet. In den Wintermonaten finden Sie auf der „Sonneninsel" unendliche Ruhe und oftmals bestes Wanderwetter.

VILA DO PORTO

(143 D5) *(* ⌕ *08)* Der Hauptort Santa Marias (3100 Ew.) glänzt weder mit vie-

Pittoreske Dörfer, idyllische Buchten, tolle Wanderwege und traumhafte Tauchspots – die Insel bietet mehr als nur einen Flughafen

len Sehenswürdigkeiten noch mit einem besonders hübschen Ortsbild, wie Sie es in den anderen Dörfern finden. Doch als Ausgangspunkt für die Erkundung der Insel ist Vila do Porto eine gute Wahl, zumal es hier die einzigen Hotels und die meisten Lokale und Einkaufsmöglichkeiten gibt.

Über die kleine, geschützte Bucht unterhalb der Stadt, in der sich heute der Hafen und die Marina befinden, kamen einst die Inselentdecker an Land. Die Besiedlung begann 1439 und somit ist Vila do Porto der älteste aller Azorenorte. Es gab immer wieder Probleme mit Piratenangriffen, die Schautafeln der Rota dos Corsários an verschiedenen Stellen der Stadt erinnern daran. Das ☀ *Forte de São Brás* wurde im 17. Jh. zur Abwehr der Seeräuber errichtet, heute können Sie von hier aus einen phantastischen Ausblick über den Hafen genießen, kommen Sie am besten zur Abenddämmerung! Die gepflasterte Hauptstraße – lassen Sie sich nicht verwirren, ihr Name ändert sich mehrmals – zieht sich von der

Festung bis zur *Igreja de Santo Antão* ein Plateau hinauf. Begrenzt wird der schmale, lang gezogene Ort von zwei tiefen Taleinschnitten.

Spritztour zur Igreja de Nossa Senhora da Vitória gefällig?

SEHENSWERTES

CENTRO DE INTERPRETAÇÃO AMBIENTAL D'ALBERTO POMBO

Im Informationszentrum des Naturparks erfahren Sie mehr über die besonderen *geosítios* (geologisch interessante Formationen) Santa Marias. Schließlich hat die älteste Azoreninsel als einzige Fossilien von Meereslebewesen, Muschelkalksedimente und Tonvorkommen zu bieten. *Mitte Juni–Mitte Sept. tgl. 10–13, 14–18, sonst Di–Sa 14–17.30 Uhr | Eintritt 2,50 Euro | Rua Teófilo Braga 10–14 | parquesnaturais.azores.gov.pt/smaria*

CONVENTO SÃO FRANCISCO

Das 1607 gegründete Franziskanerkloster musste so manchen Piratenangriff über sich ergehen lassen. Heute wird das Gebäude mit dem schönen Kreuzgang als Rathaus genutzt. Nebenan befindet sich die *Igreja de Nossa Senhora da Vitória*. In der seitlichen Kapelle knien häufig Gläubige vor der Christusstatue des Senhor Santo Cristo dos Milagres, der hier ebenso wie auf São Miguel stark verehrt wird.

IGREJA NOSSA SENHORA DA ASSUNÇÃO

Die Ende des 15. Jhs. errichtete Hauptkirche *(Igreja Matriz)* ist eine der ältesten Azorenkirchen; sie litt jedoch ebenfalls unter den Zerstörungen durch Piraten. Nur noch das gotische Spitzbogenportal stammt aus der Anfangszeit, die barocken Altaraufsätze im Inneren wurden im 19. Jh. hinzugefügt.

ESSEN & TRINKEN

CENTRAL PUB

The place to be! Im amerikanisch angehauchten Lokal gibt es neben üppig bemessenen regionalen Speisen, Pizza und Burgern oft Livemusik am Wochenende. *Juni–Aug. tgl. 12–2 Uhr, Sept.–Mai tgl. 17–2 Uhr | Rua Dr. Luís Bettencourt 20 | Tel. 2 96 88 25 13 | €€*

CLUBE NAVAL

Nach einem Tauchtrip oder zum Abendessen im Hafen die erste Adresse. Wie es sich für einen Yachtclub gehört: Es gibt v. a. Fisch und Meeresfrüchte. Besonders lecker sind die Thunfischzubereitungen, eine Spezialität etwa ist das Thunfischsteak mit Senfsauce. Oder wie wäre es mit einer *Lasanha de Atum* (Thunfischlasagne)? *Sommer tgl., Winter unregelmäßig | Tel. 2 96 88 31 30 | €*

PIPAS

Während Sie auf die leckeren Grillgerichte warten, können Sie sich die tollen Fotografien von den Naturschauspielen der Insel anschauen, die an den Wänden hängen. *So geschl.* | *Rua da Olivença 11* | *Tel. 2 96 88 20 00* | €€

EINKAUFEN

In der Rua Dr. Luís Bettencourt gibt es zwei Supermärkte, auf der restlichen Insel finden Sie – wenn überhaupt – nur winzige *minimercados*. In der Markthalle *(Mo–Fr 8–18, Sa 8–13 Uhr* | *Rua do Cotovelo)* im oberen Teil der Stadt werden im Sommer auch die leckeren inseltypischen Honigmelonen verkauft.

FREIZEIT & SPORT

Adrenalin pur gibt es beim Abseilen an den Wasserfällen und den Canyoningtouren entlang der Steilküsten. 🌿 *Bootlá (Rua Teófilo Braga 66* | *Tel. 2 96 80 30 80* | *www.bootla.pt)* setzt bei seinen Angeboten auf nachhaltigen Tourismus.
Auf dem Segelboot von Roberto Furtado *(Halbtagestour Südküste: ca. 50 Euro* | *Tel. 96 88 42 77* | *www.goldensailazores.com)* können Sie Törns entlang der Küste oder sogar bis São Miguel buchen.
Tolle Tauchreviere gibt es überall entlang der Küste, doch das Highlight ist ein Tauchtrip zu den 37 km entfernten Felsinseln *Formigas* und dem Unterwasserberg *Dollarabat*. Hier tummeln sich Großfische wie Thunfische, manchmal auch Haie, Barrakudas und Zackenbarsche, und Mantarochen, der Tauchspot gilt als einer der besten der Welt. Im Hafen von Vila do Porto befindet sich die Basis von Mantamaria *(divecenter.mantamaria.com)*, sehr zu empfehlen ist außerdem das Team der deutschen Tauchbasis *Wahoo Diving (wahoo-diving.com)*.

Der wunderschöne `INSIDER TIPP` ⏵ Wanderweg PR5 *(7 km* | *ca. 3,5 Std.)* führt entlang der Südküste von Vila do Porto zur Praia Formosa. Er passiert den ehemaligen Steinbruch *Pedreira do Campo* mit Kissenlavaformationen, unter Wasser erstarrte Lava in kissenartiger Form, die durch spätere tektonische Hebungen an die Erdoberfläche gelangte, außerdem die Ruine eines Kalkofens und die lauschige Bucht von Prainha.
Der 78 km lange, rot-weiß markierte Rundwanderweg (GR) um die gesamte Insel beginnt und endet in Vila do Porto. Wenn Sie gut zu Fuß sind, können Sie auf diesem Weg in vier Tagen die gesamte Insel Santa Maria per Wanderschuh erkunden.

AM ABEND

MASCOTE

In der sympathischen Bar werden Cocktails, Wein und kleine Gerichte serviert. *So geschl.* | *Rua Teófilo Braga 23*

ÜBERNACHTEN

CASA DOS MONTEIROS

Das 2016 eröffnete Boutiquehotel punktet mit künstlerischen Details: Im Eingangsbereich und in den Zimmern werden durch Dekoelemente die Themen Musik, Dichterei und Malerei aufge

---

⭐ **Praia Formosa**
Der Sandstrand bietet feinstes Badevergnügen → S. 61

⭐ **Farol de Gonçalo**
Der schönste Leuchtturm der Azoren ist vor allem in der Abenddämmerung ein Traum! → S. 60

MARCO POLO HIGHLIGHTS

griffen. Designerzimmer, Pool im Garten und Spa – alles vom Feinsten! *15 Zi. | Rua Teófilo Braga 31 | Tel. 2 96 88 21 07 | www.charmingblue.com | €€–€€€*

COLOMBO

Vom größten Hotel der Insel haben Sie einen schönen Blick über Vila do Porto, es liegt etwas abgelegen am oberen Ortsrand. *85 Zi. | Rua Cruz Teixeira | Tel. 2 96 82 02 00 | www.colombo-hotel.com | €€*

FERIENHÄUSER

Hotels gibt es ausschließlich in Vila do Porto, und das obwohl der Inselosten landschaftlich sehr viel reizvoller ist. Immerhin finden Sie dort aber einige Ferienhäuser, wie z. B. die *Casa do Norte (Norte | Tel. 9 10 64 94 07 | www.norteazores.com | €–€€)*. Das gemütliche Ferienhaus liegt abgelegen und ruhig an der Nordostküste. Auch in der warmherzig eingerichteten *Casa Arco-Íris (Malbusca | Kontakt: Regina Herrmann | Tel. 2 96 29 54 76 | short.travel/azo8 | €)* machen Sie Urlaub in abgeschiedener Idylle.

AUSKUNFT

Der *Posto de Turismo* im Flughafen öffnet bei Ankünften. *Tel. 2 96 88 63 55*

ZIELE IN DER UMGEBUNG

ANJOS (143 D4) (⌖ O8)

In dieser idyllischen Bucht soll schon Kolumbus an Land gegangen sein, die Statue am Ortseingang erinnert daran. Gegenüber befinden sich an der *Ermida dos Anjos* Reste der ersten Kapelle aus dem 15. Jh. Hauptattraktion ist das Meeresschwimmbad, es lohnt sich aber auch, mit einer Taschenlampe die Höhle *Furna da Santana* am Küstenpfad hinter dem Hafen zu erkunden. Hervorragend einkehren können Sie im Restaurant *Bar dos Anjos (tgl. | Tel. 2 96 88 67 34 | €€)*, probieren Sie den köstlichen **INSIDER TIPP** *polvo* (Oktopus). Die unberührten Buchten der Nordwestküste sollten Sie wandernd erkunden: Der gut markierte *PR1 (9 km / ca. 4 Std.)* führt von Feteiras de Baixo nach Anjos und streift die rote Wüste *Barreiro da Faneca* sowie die abgelegenen Buchten *Baía do Raposo* und *Baía da Cré*.

BARREIRO DA FANECA (143 D4) (⌖ O8)

Deserto Vermelho – rote Wüste – nennen die Einwohner das durch Tonabbau entstandene Areal 6 km nördlich von Vila do Porto. Zwischen São Pedro und Anjos zweigt eine schmale Straße zu dieser für die Azoren einzigartigen Landschaft ab. Sie führt auch zur Radarstation der ESA *(European Space Agency)*, die vom Monte das Flores aus die Bahn der in

150 Stufen führen zur Kapelle für eine der meistverehrten Heiligen Portugals: Ermida de Fátima

Französisch-Guyana abgeschossenen Ariane-Raketen überwacht.

CALÇADA DO GIGANTE
(143 E6) (*O8*)

Über einen kurzen Küstenpfad an der Straße zwischen Malbusca und Panasco erreichen Sie die beeindruckenden Basaltsäulen im Tal der Ribeira de Maloás.

ERMIDA DE FÁTIMA
(143 D4) (*O8*)

Bei Feteiras de Cima wurde 1933 auf einer Anhöhe die weltweit erste Kapelle gebaut, die der Jungfrau von Fátima geweiht ist. Die Muttergottes von Fatima wird überall in Portugal sehr verehrt. Die Geschichte: Am 13. Mai 1917 sahen drei Hirtenkinder auf einem Feld bei Leiria eine Lichtgestalt, die anschließend ein halbes Jahr lang am 13. jedes Monats erschienen sein soll. Über 150 Stufen gelangen Sie hinauf zur Kapelle.

FONTINHAS (143 E5) (*O8*)

Im Forstpark mit Tiergehege und Picknickplätzen lässt es sich an heißen Sommertagen gut aushalten. Der *Miradouro das Fontinhas* bietet tolle Ausblicke über den Südteil der Insel.

MAIA (143 F5) (*O8*)

Über die spektakuläre Panoramastraße von Santo Espírito Richtung Süden erreichen Sie nach etwa 8 km den Leuchtturm der *Ponta do Castelo* (s. S. 60) und die *Bucht von Maia*. Die einst mühevoll angelegten, ummauerten Weinterrassen ziehen sich fotogen die steilen Hänge hinauf. Im Winter geht es sehr ruhig zu, im Sommer kommen die „Sommerfliegen", wie die sieben ganzjährig in diesem idyllischen Küstenstreifen lebenden Einwohner schmunzelnd die Touristen nennen. In der sonnigen Jahreszeit jedenfalls können Sie sich in die Wellen am steinigen Strand stürzen oder aber im ruhigen Meeresschwimmbad Ihre Runden drehen.

Lassen Sie sich in den regenreichen Monaten am nördlichen Ende der Bucht vom 110 m hohen Wasserfall *Cascata do Aveiro* beeindrucken. Die lauschigen Picknicktische direkt am Wasser sind im Sommer schnell belegt. Einkehren können Sie bei Aida Grota. Die aus Amerika zurückgekehrte Emigrantin führt mit viel Hingabe das Lokal *O Grota (Sommer tgl., sonst unregelmäßig | Tel. 2 96 88 43 24 |*

PONTA DO CASTELO (143 F6) (*⌁ O8*)
An der äußersten Südostspitze der Landzunge Ponta do Castelo leuchtet nachts der ★ *Farol de Gonçalo,* der schönste Leuchtturm der Azoren, den Weg. Seien Sie ruhig neugierig und klopfen Sie an, die Leuchtturmwärter haben meistens nichts gegen einen Besuch und zeigen Ihnen gern die polierten Spiegel und Armaturen.

Die gewaltige Brandung an der Praia Formosa zieht Surfer ebenso an wie Strandspaziergänger

€€) ihres Vaters weiter. Es liegt direkt am Meerwasserpool und ist berühmt für die köstliche Fischsuppe *canja de peixe*.

PICO ALTO (143 D5) (*⌁ O8*)
Über eine Stichstraße gelangen Sie zum höchsten Berg Santa Marias. Bei schönem Wetter haben Sie in einer Höhe von 587 m einen prächtigen Rundumblick. Der wunderbar durch schattige Wälder angelegte Rundwanderweg PR2 *(6,2 km | 2 Std.)* führt Sie u. a. an der Gedenkstelle für die Opfer einer 1989 abgestürzten Boeing 707 vorbei.

Unterhalb des Turms an der Küste finden Sie die Ruine einer Walverarbeitungsfabrik, oberhalb am Hang informieren Tafeln am ehemaligen Walfängerausguck *Vigía da Baleia* über den Walfang auf Santa Maria. Sie möchten gern zur Ponta do Castelo wandern? Dann nehmen Sie den gut markierten Wanderweg PR4 *(7 km | 3 Std.)* von Santo Espírito über Maia zur Spitze. Wer mit dem Taxi zurück zum Ausgangspunkt möchte: Duarte Braga, der Besitzer des *minimercados* von Santo Espírito, fährt Sie wieder hoch *(6 Euro | Tel. 9 62 40 49 73 oder 2 96 88 49 45).*

PRAIA FORMOSA ★ (143 D5) (*∭ O8*)

Vom ☀ *Miradouro da Macela* haben Sie einen atemberaubenden Ausblick über die Bucht der Praia Formosa. Im Sommer findet hier das legendäre Musikfestival *Maré de Agosto* statt. Zum Essen empfiehlt sich das Strandrestaurant *O Paquete (tgl. | Tel. 2 96 88 46 86 | €€)*. Im Sommer können Sie im *Beach Parque* bis spät in die Nacht feiern. Am nächsten Tag ruhen Sie sich dann am hellen Sandstrand aus, den das Meer meistens erst im Juni zurückbringt. Für Surfer ist die *Praia Formosa* bei entsprechendem *swell* der beste Spot zum Wellenreiten.

SANTA BÁRBARA (143 E5) (*∭ O8*)

Weiß getünchte Häuser mit blauen Fenster- und Türrahmen, die typischen runden Kamine, die daran erinnern, dass die ersten Siedler Santa Marias aus der Algarve stammten, das Ganze in lieblicher Landschaft – Santa Bárbara (400 Ew.) ist wahrlich ein idyllisches Dorf. Einen schönen Blick über die Gemeinde genießen Sie vom ☀ *Miradouro Pedra Rija*. Direkt neben der Kirche von Santa Bárbara und als einzige Bar des Orts mit angeschlossenem *minimercado* mindestens genauso wichtig ist die *Cervejaria Pôr do Sol (tgl., minimercado So-Nachmittag geschl. | Termo da Igreja | Tel. 2 96 88 42 37)*. Hinter Arrebentão bei Santa Bárbara zweigt ein kurzer Fußweg zum aussichtsreichen *Pico Vermelho*, dem „roten Berg", und zum Steinbruch *Poço da Pedreira* ab. Die rote Wand spiegelt sich bei Sonnenschein eindrucksvoll im kleinen See.

SANTO ESPÍRITO (143 E5) (*∭ O8*)

In der dem Heiligen Geist geweihten Gemeinde (600 Ew.) wurden die ersten Heiliggeistfeste der Azoren gefeiert. Auch heute werden Brauchtum und Traditionen gepflegt, in der Bar *Banda Recreio*

(unregelmäßige Öffnungszeiten, in der Regel tgl.), der Vereinskneipe der Dorfkapelle, ist am meisten los. Viele der weiß getünchten Häuser sind hier mit grünen Fensterumrandungen verziert – schließlich hat sich jede Gemeinde eine typische Rahmenfarbe ausgesucht. Die im 16. Jh. gebaute Dorfkirche *Igreja Nossa Senhora da Purificação* sticht mit ihrer besonders verschnörkelten Barockfassade aus dem 18. Jh. aus dem einheitlichen Bild heraus. In dem kleinen, liebevoll geführten Inselmuseum *(Museu de Santa Maria | Di–Fr 9–17 Uhr | Eintritt 1 Euro | Rua do Museu)* werden Sie durch die traditionell eingerichteten Räume geführt und erfahren dabei allerlei über Tonabbau, Keramikherstellung und landwirtschaftliche Geräte. Die Kunsthandwerkskooperative *Cooperativa de Artesanato (Mo–Fr 9–12.30 u. 13.30–17, Sa 9–14 Uhr | Termo da Igreja)* verkauft neben gewebten Stoffen und anderem Kunsthandwerk auch Brot und Gebäck, z. B. die typischen *orelhas* (Keksohren). Im hinteren Raum können Sie vormittags den Weberinnen bei der Arbeit zuschauen.

SÃO LOURENÇO (143 E4–5) (*∭ O8*)

Die meisten Häuser der lang gezogenen Siedlung werden nur im Sommer bewohnt, dann füllen sich auch die Strandpromenade und das Meerwasserbecken mit Besuchern. Die spektakulärsten Aussichten auf die malerische Bucht mit den steilen Weinterrassen und auf den vorgelagerten Felsen Ponta do Ilhéu haben Sie vom ☀ *Miradouro do Barreiro* nördlich von Santa Bárbara und vom an der Straße nach Santo Espírito gelegenen ☀ *Miradouro do Espigão*. Kurz bevor Sie diesen Aussichtspunkt erreichen, sehen Sie ein Holzschild, das zum *Cai Água* weist: Von hier führt ein kleiner Pfad etwa 1 km entlang eines Bachs zu einem **INSIDER TIPP ▶ versteckten Wasserfall**. Ein äußerst lohnenswerter Abstecher!

FAIAL, PICO & SÃO JORGE

Die Distanzen zwischen Faial, Pico und São Jorge sind so kurz, dass die Fähren ganzjährig fahren und Sie Tagesausflüge auf die Nachbarinseln unternehmen können. Sie haben das Eiland gegenüber stets im Blick und wenn er sich nicht mal wieder in Wolken hüllt, drängt sich der Pico immer und immer wieder vor die Linse Ihrer Kamera und löst Fotografierreflexe aus.

Auf jeder der drei Inseln kann man es locker ein paar Tage aushalten. Wer ausgedehnte Wanderungen durch spektakuläre Vulkanlandschaften oder entlang der Steilküsten unternehmen möchte, sollte mindestens eine Woche für das *triângulo* einplanen. Sie haben einen Tauchschein und möchten die Unterwasserwelt erkunden? Dann ist Faial der beste Ort für

Sie! Sie möchten Wale und Delphine beobachten? Von Pico und Faial legen die meisten Whalewatching-Boote ab. Auf São Jorge finden Sie tolle Wanderwege und den besten Käse der Azoren. Und rauschende Feste mit vielen Livekonzerten können Sie im Sommer auf allen drei Inseln erleben.

FAIAL

(138 A–C 3–4) (🗺 F4) Faial gehört zwar geografisch zu den kleineren Inseln –die *ilha azul,* wie sie wegen ihrer vielen blauen Hortensienhecken auch genannt wird, haben Sie an einem Tag locker umrundet. Doch politisch und gesellschaftlich spielt sie eine wichtige Rolle.

Bild: São Jorge, Blick auf den Vulkan Pico auf der Insel Pico

So nah beieinander und doch so unterschiedlich – die drei Inseln des *triângulo* sind jede eine Welt für sich

Nicht nur weil hier das Regionalparlament tagt. Sondern als Ende des 19. Jhs. die ersten Seekabel verlegt wurden, war die Insel (15 000 Ew.) eine wichtige Schaltstelle für die Telekommunikation zwischen Europa und Amerika. Die ehemaligen Gebäude der Telegrafengesellschaften sind in Horta noch immer zu sehen, und auch das internationale Flair ist geblieben. In der Bucht von Horta landeten Anfang des 20. Jhs. die ersten Wasserflugzeuge auf ihren Transatlantikflügen, und heute gilt die Marina von Faial als wichtigster Yachthafen des Nordatlantiks. Wenn Sie Faial vom Meer aus erreichen, fällt Ihnen das hübsche Ortsbild von Horta auf: Die drei Kirchen Matriz, São Francisco und Nossa Senhora do Carmo ragen imposant aus der Häuserfront heraus. Horta wird Ihnen als ein liebenswertes, kosmopolitisches Dorf begegnen und Faial als riesiger Naturpark mit tollen Wandermöglichkeiten über alte und neue Vulkane, mit malerischen Badestellen und einer einzigartigen Unterwasserwelt.

Lauschiger Platz in Horta: am Uhrenturm im Jardim Florêncio Terra

SEHENSWERTES

CALDEIRA ⭐ (138 B3) (🗺 F4)

Durch einen kleinen Tunnel am Ende einer von Hortensien flankierten Straße erreichen Sie den ☀ *miradouro*, von dem aus Sie – sofern keine Wolken dazwischen sind – den eindrucksvollen Krater, die *Caldeira*, mit seinen unendlich vielen Grüntönen auf sich wirken lassen können. 400 m geht es senkrecht hinab, am Grund können Sie noch Reste des einstigen Kratersees erahnen. Er versickerte im Zuge des Capelinhos-Ausbruchs 1957, bei dem Spalten ins Gestein brachen. Heute können Sie über den Wanderweg PRC4 (7 km / ca. 3 Std.) eine Runde um den Kraterrand drehen und dabei die Insel von oben betrachten – vielleicht sogar mit freier Sicht auf den Pico nebenan.

CAPELINHOS ⭐ (138 A3) (🗺 F4)

Der *vulcão*, wie die Einheimischen ihn schlicht nennen, ist die jüngste vulka-nische Errungenschaft der Azoren. In einer Serie von Ausbrüchen entstand 1957/1958 das wüstenhafte Neuland und zerstörte dabei mit seiner Asche die Lebensgrundlage vieler Menschen im Westen Faials. Tausende emigrierten damals in die USA. Von den entstande-nen 2,4 km² Neuland wurde so einiges durch Wind und Wellen wieder abge-tragen, doch der ehemalige Leuchtturm steckt weiterhin bis zum ersten Stock in Asche. Der Aufstieg auf „den Neuen" ist nicht mehr erlaubt, zu fragil ist das Öko-system in diesem Naturpark. Im dezent unterirdisch untergebrachten 🔶 Besu-cherzentrum *(Centro de Interpretação do Vulcão dos Capelinhos | Mitte Juni–Mitte Sept. tgl. 10–18 Uhr, sonst Di–Fr 9.30–16.30, Sa/So 14–17.30 Uhr | Kombiticket Film und Leuchtturm 10 Euro | parques naturais.azores.gov.pt)* können Sie sich über die Entstehung des Capelinhos und über Vulkanismus im Allgemeinen infor-mieren. Im Café in der futuristischen Eingangshalle gibt es u.a. frisch zubereitete Fruchtshakes.

HORTA (138 C4) (*ΩΩ F4*)

Die Hauptstadt Faials (6100 Ew.) ist einer der drei wichtigsten Orte der Azoren, wenn auch neben Ponta Delgada und Angra ungleich kleiner. Das Leben spielt sich entlang der lang gezogenen Küste ab, und Sie merken schnell, wie eng es mit dem Meer verbunden ist: In der Marina begegnen Ihnen verzottelte Segler, die sich nach ihrer langen Atlantiküberquerung auf den bunten Kaimauern verewigen oder in der Bar da Marina einen ersten Gin Tonic trinken. Der Lieblingslongdrink der Segler wurde zum Kultgetränk auf Faial. An den „Baracken" unterhalb der legendären Seglerkneipe *Peter Café Sport* (s. S. 68) treffen Sie auf Taucher und Walbeobachter, und im Bereich der Uni am lauschigen *Jardim Florêncio Terra* mit dem markanten Uhrturm *Torre do Relógio* tummeln sich Studenten der Meeresbiologischen Fakultät. Der Strand von *Porto Pim* in der malerischen halbrunden Bucht am Fuß des Hausbergs ☼ *Monte da Guía* lädt zum Baden ein, und sollten Sie mal schlechtes Wetter erwischen, gibt es mit der alten Walfabrik ● *Fábrica da Baleia (Mitte Juni–Mitte Sept. Mo–Fr 10–18, Sa/So 14–17.30 Uhr, sonst Mo–Fr 9.30–17.30 Uhr | Eintritt 3 Euro | Encosta do Monte da Guia)* und das einstige Sommerhaus der Konsulfamilie Dabney mit dem angeschlossenen Aquarium *(Casa dos Dabney mit Aquário do Porto Pim | Mitte Juni–Mitte Sept. tgl. 10–13 u. 14–18 Uhr, sonst Di–Fr 9.30–13 u. 14–17.30, Sa 14–17.30 Uhr | Eintritt 3,50 Euro | Praia do Porto Pim)* interessante Orte, die Sie trockenen Fußes erleben können. Auch das Stadtmuseum *Museu da Horta (Di–Fr 10–12.30 u. 14–17.30, Sa/So 14–17.30 Uhr | Eintritt 2 Euro | Largo Duque Ávila Bolama)* im ehemaligen Jesuitenkloster neben der Hauptkirche *Igreja Matriz São Salvador* aus dem 18. Jh. lohnt einen Besuch. Hier werden neben Kirchenkunst und stadtgeschichtlichen Exponaten auch `INSIDER TIPP` ▶ filigrane Kunstwerke

---

⭐ **Peter Café Sport**
Zum Gin Tonic geht's in die angesagteste Kneipe im Atlantik. Hier treffen sich von der Sonne gegerbte Segler ebenso wie Einheimische und Inselbesucher. Es wird knäuelweise Seemannsgarn gesponnen! → S. 68

⭐ **Caldeira**
Bei der Rundwanderung über den Kraterrand liegt Ihnen ganz Faial zu Füßen → S. 64

⭐ **Capelinhos**
Faials jüngster Vulkan hat eine beeindruckende Mondlandschaft geschaffen → S. 64

⭐ **Pico Alto**
Den höchsten Berg Portugals erklimmen Sie auf Pico. Kondition brauchen Sie allerdings schon für die Gipfelbesteigung → S. 77

⭐ **Zona de Adegas**
Mühevoll haben die Weinbauern einst die steinigen Weinfelder von Pico angelegt. Heute gedeiht hier der berühmteste Wein der Azoren → S. 74

⭐ **Fajã da Caldeira de Santo Cristo**
Idyllisch schmiegt sich die Minisiedlung zwischen Meer und Steilküste im Norden von São Jorge → S. 78

MARCO POLO HIGHLIGHTS

aus Feigenmark (s. S. 30) ausgestellt. Ein paar Meter weiter befindet sich der hübsch angelegte Hauptplatz *Praça da República* mit Musikpavillon, Ententeich und einem der ältesten Heiliggeisttempel der Azoren.

JARDIM BOTÂNICO (138 C4) (*ω F4*)
Auf dem Gelände der ehemaligen Orangenplantage *Quinta de São Lourenço* in Flamengos wurde seit 1986 nach und nach der botanische Garten der Insel angelegt. Heute können Sie hier die einheimische Flora bestaunen, von der Küsten- bis zur Gebirgsvegetation. Das Besucherzentrum informiert über die Gefahren der Invasorenpflanzen, außerdem gibt es ein *orquidário* (ein Gewächshaus mit blühenden Orchideen) sowie ein Areal mit aromatischen und exotischen Pflanzen. *Mitte Juni–Mitte Sept. tgl. 10–18 Uhr, sonst Di–Fr 9.30–13*

LOW BUDGET

Die drei wichtigsten Museen Picos können Sie zum Kombipreis von 5 Euro *(48 Std. gültig)* besichtigen: *Museu do Vinho* in Madalena, *Museu dos Baleeiros* in Lajes und *Museu da Indústria Baleeira* in São Roque.

So gut und günstig werden Sie selten satt: Zé Manel und seine Frau Isaura tischen in ihrem kleinen, familiären *Restaurante A Árvore (Mo geschl. | Rua Da Conceição 23 | Horta | Faial | Tel. 2 92 39 25 00)* ein Buffet mit azorianischer Hausmannskost auf, das tatsächlich nur 7,50 Euro kostet. Wenn Sie sich danach noch durch die Desserts probieren möchten, werden es 2,50 Euro mehr.

und 14–17.30, Sa 14–17.30 Uhr | Eintritt 3,50 Euro | Rua de São Lourenço 23 | Flamengos | parquesnaturais.azores.gov.pt

MONTE ESPALAMACA & PRAIA DO ALMOXARIFE (138 C4) (*ω F4*)
Vom Bergrücken Espalamaca, genauer vom dortigen ✺ *Miradouro Nossa Senhora da Conceição,* haben Sie eine grandiose Aussicht auf die Bucht von Horta, auf den Strand von Almoxarife und – bei freier Sicht – hinüber nach Pico und São Jorge. Das Denkmal beim Aussichtspunkt gilt der Mutter Gottes der Empfängnis, viele zünden hier Kerzen für sie an. In Richtung Flamengos treffen Sie auf drei fotogene Windmühlen. Wenn Sie sich am längsten Sandstrand der Insel in die Fluten stürzen möchten, fahren Sie hinab in die Ortschaft *Praia do Almoxarife,* wo im Sommer Rettungsschwimmer für Badesicherheit sorgen. Hinter der Strandpromenade finden Sie ein paar nette Einkehrmöglichkeiten, beeindruckend ist die überdimensionierte Barockkirche aus dem Jahr 1758.

NORDKÜSTE (138 A–C3) (*ω F4*)
In *Ribeirinha,* dem östlichsten Ort Faials, wurden 1998 bei einem Erdbeben die meisten Häuser zerstört. Spuren der Zerstörung sind heute noch zu sehen, auch der ✺ Leuchtturm von Ribeirinha ist seit dem Beben baufällig. Unterhalb der Landspitze gibt es einen winzigen Fischerhafen. Durch Salão gelangen Sie nach *Cedros*, dem größten Ort der Nordküste. Ein Bad im Atlantik können Sie im Felspool am alten Hafen, dem *Porto da Eira*, nehmen. Weiter Richtung Westen passieren Sie die Molkereigenossenschaft. Kurz vor Praia do Norte lohnt ein Stopp am ✺ *Miradouro Ribeira das Cabras*, von hier haben Sie einen schönen Blick hinunter zum dunklen Felsstrand der *Fajã*, der einzigen Bucht der Nord-

Das von der Natur geschaffene Schwimmbecken sorgt für gefahrlosen Badespaß: Varadouro

küste. Wegen seiner tollen Küstenszenerie lohnt sich unbedingt ein Abstecher hinunter, selbst wenn die Brandung oft kein Baden ermöglicht. Durch die bewaldete *Zona do Mistério*, eine durch Lavaströme 1672 entstandene Landschaft, gelangen Sie in das Dorf *Norte Pequeno* mit seinen vielen ursprünglichen Natursteinhäusern. Sie sind am Ende der Welt angekommen, wie die gleichnamige Bar **INSIDER TIPP** *Fim Do Mundo* verrät.

VARADOURO ● (138 A4) *(ɰ F4)*

Die schönste Felsbadestelle der Insel finden Sie unterhalb des Dorfs Capelo in dem idyllischen Ort Varadouro, bis auf ein paar Ausnahmen nur im Sommer bevölkert. Bis zum Erdbeben von 1998 gab es hier ein Thermalbad mit Heilquelle und Kurhaus. Heute können Sie in dem gepflegten und im Sommer bewachten Meeresschwimmbecken baden, bei ruhiger See gibt es auch einen

Zugang ins offene Meer. Das Kunstwerk am Basaltfelsen – Gesicht und Walfluke – schuf der Bildhauer José Pereira. Von Varadouro aus haben Sie einen tollen Blick entlang der Steilküste bis zum *Morro de Castelo Branco* („weiße Burg"), dem Rest eines Vulkans, dessen Trachytgestein hell schimmert. Er gehört als Brutgebiet vieler Seevögel zum Naturpark Faial.

ESSEN & TRINKEN

CANTO DA DOCA

Grillen Sie sich Ihren Fisch, Ihre Meeresfrüchte oder Ihr Fleisch selbst! Sie bekommen einen heißen Basaltstein. *Tgl. | Rua Nova | Horta | Tel. 2 92 29 24 44 | €€*

CASA CHÁ ●

Fast 100 verschiedene Tees, leckere Säfte und Cocktails, Kuchen von Mama, köstliche Häppchen … Das alles serviert Eugénio in gemütlicher Atmosphäre: im holzvertäfelten Teehaus, im lauschigen Garten oder auf der Dachterrasse. *Mi geschl., Sa/So erst ab 16 Uhr | Rua de São João 38a | Horta | Tel. 2 92 70 00 53 | www.facebook.com/aCasadeCha*

CLUBE ATLÉTICO

Das Restaurant des Sportclubs ist ein wenig unscheinbar, aber die Grillspezialitäten sind lecker und wegen der ukrainischen Herkunft der Köchin anders gewürzt,

O CAGARRO

Der beste Oktopus *(polvo)* der Insel – und das direkt am Strand! *Tgl. | Av. Unânime Praiense | Praia do Almoxarife | Tel. 2 92 94 88 28 | €€*

O ESCONDERIJO

In einem versteckten weiß-blauen Landhaus an der Nordküste verwöhnt Sie der Bayer Hans mit köstlichen vegetarischen Gerichten. *Mittags u. Di geschl., Winter*

Anziehungspunkt für (Weltum)segler und Touristen: das berühmte Peter Café Sport

als Sie es auf den Azoren erwarten würden. *Tgl. | Rua Filipe de Caravalho | Horta | Tel. 2 92 29 24 92 | €*

GENUÍNO

Weltumsegler Genuíno Madruga hat sein Fischrestaurant mit vielen Andenken dekoriert. Er erzählt gern von seinen Abenteuern, fragen Sie ruhig einmal nach! Von den Tischen am ☀ Fenster im Obergeschoss blicken Sie über die Bucht von Porto Pim. Freitags gibt es Fadomusik. *Tgl. | Travessa do Porto Pim | Horta | Tel. 2 92 70 15 42 | www.genuino.pt | €€*

geschl. bzw. nur Fr–So | Rua Janalves 3 | Cedros | Tel. 2 92 94 65 05 | €€

PETER CAFÉ SPORT ⭐

Früher oder später landet jeder in der berühmtesten Kneipe des Atlantiks. Trinken Sie einen Gin do Mar, genießen Sie auf der Esplanade oder im urigen Gastraum zwischen Seekarten und Seglerwimpeln eine „Walsuppe", wie die vegetarische Bohnensuppe hier scherzhaft genannt wird, kaufen Sie Briefmarken an der kleinen Theke oder besuchen Sie im Obergeschoss das Scrimshaw-Museum mit einer wertvollen Walzahnkunstsammlung. *Tgl. 8–2 Uhr | Rua José Azevedo 9 | Horta | Tel. 2 92 29 23 27 | www.petercafesport.com | €€*

XF

Sie müssen klingeln, um in dieser angesagten Location ein *bife* zu essen. Aber es lohnt sich, vor allem für das INSIDER TIPP Steak mit Waldfruchtsauce. *Mittags und Mo geschl. | Rua da Ladeira 4 | Horta | Tel. 2 92 39 26 97 | €€*

EINKAUFEN

CENTRO DE ARTESANATO

Im Laden der Kunsthandwerksschule finden Sie neben Stickereien auch filigrane Kunstwerke aus Feigenmark. *Alto dos Cavacos| Capelo*

LOJA DO PETER

Es hilft nichts, wer auf Faial ist, braucht ein T-Shirt oder zumindest ein Souvenir mit Walfischemblem vom Peter Café Sport. Es macht Spaß, im Laden zu stöbern! *Rua José Azevedo 6 | Horta*

LOJA DO TRIÂNGULO

Frische Produkte der lokalen Landwirtschaftskooperative – Gebäck, Käse, Wein oder Liköre – gibts in diesem sympathischen Lädchen. *Rua Serpa Pinto 28 | Horta*

MERCADO MUNICIPAL

In der offenen Markthalle bieten u. a. die Obstfrauen von Pico frische Früchte an, ansonsten finden Sie Gemüse, Käse, Blumen und Fisch. *Praça da República | Horta*

FREIZEIT & SPORT

In der dem Peter Café Sport angeschlossenen Station *Peter Zee* können Sie Mountainbikes ausleihen oder auch eine Downhill-Tour von der Caldeira zurück nach Horta buchen (20 Euro). *Rua José Azevedo 9 | Horta*

Die Tauchbasen von Horta befinden sich in den sogenannten *barracas* unterhalb des Peter Café Sport. Empfehlenswert ist das Team von ● *diveazores (diveazores.net)*, das auch Whalewatching anbietet.

Erkunden Sie Faial auf dem Rücken der Pferde auf Tages- oder Halbtagesausritten mit dem deutschen Ehepaar Anja und Victor. *Quinta do Moinho | Rua da Igreja | Cedros | www.patio.pt*

AM ABEND

In den Cafés von Horta ist am Abend noch lange was los, vor allem im *Peter Café Sport*, wo an Sommerabenden oftmals Livemusik gespielt wird. Die loungige *Bar do Teatro* im *Teatro Faialense (Alameda Barão de Roches 31 | Horta)* füllt sich nicht nur bei kulturellen Veranstaltungen im Theater.

ÜBERNACHTEN

CASA DO CAPITÃO ●

Der künstlerisch begabte Hausherr Jorge, der als Reiseleiter auch perfekt Deutsch spricht, hat aus einem alten Kapitänshaus aus Naturstein ein wundervolles Anwesen geschaffen. Spazieren Sie durch die Gartenanlage oder stöbern Sie in der umfassenden Bibliothek. Die fünf Zimmer sind in verschiedenen Farben gestaltet, besonders schön ist das INSIDER TIPP Rosa Zimmer. *Rua do Capitão 5 | Cedros | Tel. 2 92 94 61 21 | www.casadocapitao.pt | €€*

ESTRELA DO ATLÂNTICO

Ein Paradies: Am Rand Hortas in einer � Gartenanlage – mit Blick auf Pico, die Altstadt von Horta und den Bergrücken Espalamaca – versteckt sich das liebevoll eingerichtete Gästehaus. Die deutsche Hausherrin Ruth versorgt Sie mit einem vielseitigen Frühstück sowie Ausflugs-, Wander- und Restauranttipps. *5 Zi. | Calçada Santo António 25 | Horta | Tel. 2 92 94 30 03 | www.edatlantico.com | €–€€*

FAIAL RESORT ❀

Das größte Hotel der Stadt ist in den Gebäuden der amerikanischen Telegrafengesellschaft untergebracht und punktet mit Hallenbad, Außenpool und Pico-Blick. *131 Zi. | Rua Cônsul Dabney | Horta | Tel. 2 92 20 74 00 | www.azoreshotelfaialresort.com | €€–€€€*

HOTEL DO CANAL

Recht modernes Haus direkt neben der *Igreja Nossa Senhora das Angústias*, nur fünf Gehminuten vom Strand von Porto Pim entfernt. *103 Zi. | Largo Dr. Manuel de Arriaga | Horta | Tel. 2 92 20 21 20 | www.bensaude.pt/hoteldocanal | €€–€€€*

POUSADA SANTA CRUZ

In den altehrwürdigen Gemäuern der Piratenabwehrfestung aus dem 16. Jh. befindet sich heute die edelste Unterkunft der Insel. Es gibt einmalige Ausblicke über den Hafen, einen Pool und ein elegantes Restaurant. *Rua Vasco da Gama | Horta | Tel. 2 10 40 76 70 | short.travel/azo9 | €€€*

AUSKUNFT

POSTO DE TURISMO

Rua Vasco da Gama | Horta | Tel. 2 92 29 22 37

PICO

(139 D–F 4–6, 140 A–C 4–6) (🛱 F–G4)

Über Jahrhunderte stand Pico in starker wirtschaftlicher Abhängigkeit von der Nachbarinsel Faial, selbst der mühsam angebaute *verdelho* wurde als „Faial-Wein" bis an den russischen Zarenhof verkauft.

Heute ist Pico dank seiner einzigartigen, fast schon bizarren jungen Vulkanlandschaften, den Unesco-geschützten Weinfeldermosaiken, der spannenden Geschichte als wichtigste Walfängerinsel und nicht zuletzt wegen des höchsten Berg Portugals eines der lohnenswertesten Ziele auf den Azoren. Vor allem für Wanderbegeisterte ist Pico ein Paradies. Die Menschen auf der zweitgrößten, aber

ES BLUBBERT UND BRODELT

Überall auf den Azoren finden Sie Spuren des Vulkanismus: Lavagesteine wie Basalte und Tuffe, Höhlen und Einsturzkrater (Caldeiras). Der höchste Berg Portugals, der Pico, ist ein perfekter Schichtvulkan. Auch die Fumarolen (Stellen, an denen schwefelhaltige Dämpfe aus dem Erdinneren austreten) und die blubbernden Caldeiras und heißen Quellen bei Furnas auf São Miguel sind Zeichen der vulkanischen Aktivität.

Erst 1957/58 entstand auf Faial ein neuer Vulkan, die letzten Ausbrüche gab es zwischen 1998 und 2001 vor der Westküste Terceiras. São Miguel und die zentralen Azoren liegen auf einer etwa dreieckigen, vulkanisch hochaktiven tektonischen Mikroplatte zwischen der afrikanischen, amerikanischen und eurasischen Platte. Nur Santa Maria, mit ihren ca. 8 Mio. Jahren die älteste Azoreninsel, ist endgültig erloschen.

Lajes: Früher ging es zur Waljagd, heute geht es zum Whalewatching

dünn besiedelten Insel (14 100 Ew.) werden Ihnen äußerst gastfreundlich und arbeitsam begegnen. Wundern Sie sich nicht, wenn Sie sich plötzlich in einer privaten *adega* zur familiären Weinprobe wiederfinden …

SEHENSWERTES

LAJES (140 A6) (*m G4*)

Im zweitgrößten Ort der Insel (1800 Ew.) dreht sich alles um Wale (s. S. 108): Das im ehemaligen Walbootschuppen untergebrachte *Museu dos Baleeiros (Di–So 10–17.30 Uhr | Eintritt 2 Euro | Rua dos Baleeiros 13)* berichtet von der Geschichte Lajes als Walfängerhafen; das in der alten Walfabrik installierte *Centro de Artes e de Ciências do Mar (Mo–Fr 9–18 Uhr | Eintritt 2,50 Euro | Rua do Castelo)* zeigt Kunstausstellungen zum Thema, und das alljährliche Dorffest *Semana dos Baleeiros* – Woche der Walfänger – begeistert Ende August die ganze Insel mit zahlreichen Veranstaltungen und Konzerten.

Die der heiligen Dreifaltigkeit geweihte Hauptkirche entstand in ihrer jetzigen Form im 19. Jh., sehr viel älter ist die *Ermida de São Pedro (Largo de São Pedro)*, die 1460, als die ersten Siedler Picos nach Lajes kamen, errichtet wurde. Das 1792 gegen Piratenangriffe gebaute *Forte de Santa Catarina (Rua do Castelo)* am Nordrand des Hafens ist heute Veranstaltungsort mit ☀ *miradouro* und Tourismusbüro.

MADALENA (139 D4) (*m F4*)

Wer mit der Fähre von Faial nach Pico übersetzt, passiert direkt vor Madalena die beiden markanten Felsen *Ilhéu Deitado* und *Ilhéu em Pé* (liegender und stehender Fels). Diese Reste eines untergegangenen Vulkans sind ein beliebter Tauchspot, erreichbar von den Tauchbasen in Madalena und Horta.

In Madalena (2600 Ew.), dem größten Ort Picos, wird der Rhythmus von den im modernen Fährhafen anlegenden Schiffen bestimmt. Über dem Ufer und dem kleinen Naturhafen thront die Pfarrkirche

Höhle, Kratersee und tolle Aussichten: Das Hochland von Pico hat viel zu bieten

Igreja de Santa Maria Madalena aus dem 17. Jh. In ihrem Inneren finden Sie reich verzierte Retabeln. Am Fußballstadion auf der anderen Hafenseite lohnt sich der Besuch des **INSIDER TIPP** Wal- und Tintenfischmuseums *(Museu de Cachalotes e Lulas | Mo–Fr 9.30–17, Sa/So 13.30–17 Uhr | Eintritt frei | Av. Machado Serpa)* (s. S. 109). Das Weinmuseum *(Museu do Vinho | Di–So 10–17.30 Uhr | Eintritt 2 Euro bzw. Kombiticket s. Low Budget S. 66 | Rua do Carmo)* im ehemaligen Karmelitenkloster zeigt anhand von historischen Fotos und Gerätschaften die Geschichte des Weinanbaus auf Pico. Eindrucksvoll ist der riesige Drachenbaum auf dem Gelände.

Südlich von Madalena befindet sich die ● *Gruta das Torres (Mitte Juni–Mitte Sept. tgl. 10–18, sonst Di–Sa 14–17.30 Uhr | Eintritt 7 Euro | Caminho da Gruta das Torres | Criação Velha)*, die längste Vulkantunnelröhre der Azoren. Im Besucherzentrum werden Sie mit Helm und Stirnlampe ausgestattet, dann geht es durch das zugewachsene Einsturzloch

hinunter. Die Führung dauert ca. 45 Minuten und ist nicht nur für Geologen ein Erlebnis. Oberhalb von Madalena können Sie im märchenhaften Forstpark ☀ **INSIDER TIPP** *Quinta das Rosas (tgl. | Sete Cidades)* über gewundene Pfade spazieren und unter exotischen Bäumen picknicken.

PICO ALTO UND HOCHLAND
(139 E5) (*ɯ G4*)

Der Westteil der Insel wird voll und ganz vom größten Berg Portugals bestimmt, dem 2351 m hohen ★ ● ☀ Pico Alto. Die *montanha*, der Berg, wie die Einheimischen schlicht sagen, ist aufgrund des gerölligen Geländes und des oft instabilen Wetters eine Herausforderung für Bergsteiger. Kondition und Trittsicherheit sind ebenso wie warme Kleidung zwingende Voraussetzungen, doch sollten Sie den Aufstieg wagen, liegt Ihnen bei klarer Sicht die komplette Zentralgruppe der Inseln zu Füßen. Bevor Sie den Pico besteigen, müssen Sie sich in der *Casa* da Montanha *(Juni–Sept. 24 Std. geöffnet, sonst tgl. 8–18 Uhr | Eintritt 10 Euro inkl. GPS-Gerät für Alleinwanderer)* melden, dann geht es über den teilweise nur mit Pflöcken markierten Weg über 1100 Höhenmeter hinauf. Im Winter liegt übrigens nicht selten Schnee auf den Höhen des Picos.

Das komplett unbesiedelte Hochland hat noch mehr zu bieten: Erkunden Sie z. B. die frei zugängliche **INSIDER TIPP** *Furna Frei Matias* etwa 8 km oberhalb von Madalena an der ER3. Die Höhle ist nach einem Mönch benannt, der hier als Eremit gelebt haben soll. Sie ist nicht ausgeschildert, also müssen Sie auf eine Einbuchtung am Rand einer Wiese neben einem Viehgatter achten, durch das Sie gehen. Etwa 100 m von der Straße entfernt steigen Sie über eine steinerne Treppe in das Einsturzloch hinunter. Taschenlampe nicht vergessen!

Weiter im Osten erreichen Sie über die ER3 den malerischen Kratersee *Lagoa do Capitão* mit uralten Wacholderbäumen. Gehen Sie den Schotterweg noch ein paar Meter weiter, eröffnet sich Ihnen eine tolle ☆ Aussicht auf São Roque und auf die Insel São Jorge. Die weiteren Hochlandseen und viele Hochmoore lassen sich wunderbar über den *Caminho das Lagoas (PR19 | 22 km | 7 Std.)* erwandern.

PIEDADE UND DER OSTEN
(140 C5) *(⌖ G4)*

Im Osten der Insel bewegen Sie sich abseits der typischen Touristenrouten. Lassen Sie im ursprünglichen Fischerdorf *Calheta de Nesquim* (340 Ew.), in dem es einst auch eine Walfängerstation gab, die idyllische Hafenatmosphäre auf sich wirken. Im lauschigen Waldpark *Matos Souto* sollten Sie eine Picknickpause einlegen, es ist eine der schönsten Parkanlagen der Insel. In der Gegend um *Piedade* (840 Ew.), das landwirtschaftliche Zentrum der Insel, sehen Sie Obst- und Gemüsefelder, bei Manhenha und Calhau auch viele Weinberge. Machen Sie einen Abstecher zur *Ponta da Ilha*, über der Ostspitze Picos thront ein imposanter Leuchtturm. Der anspruchsvolle Wanderweg PR3 *(7 km | 3 Std.)* führt Sie zu den schönsten Stellen der Ostküste.

SANTO AMARO UND PRAINHA
(140 B5) *(⌖ G4)*

In der *Escola Regional de Artesanato (Mo–Fr 9–17 Uhr | Eintritt frei | Rua Manuel Nunes de Melo 9)*, der Kunsthandwerksschule neben der Kirche von *Santo Amaro* (280 Ew.), treffen Sie auf Frauen, die von traditionellem Kunsthandwerk leben und z. B. filigrane Skulpturen aus Feigenmark oder Fischschuppen kreieren oder feine Decken sticken. In der Werft von Santo Amaro entstanden bis in die 1990er-Jahre allerlei Boote, es war der größte Schiffsbaubetrieb des Archipels. José Silva Melo zeigt in dem sehenswerten Privatmuseum *Museu Marítimo de Construção Naval (tgl. 9–18 Uhr | Eintritt auf Spendenbasis | Rua António Maria Teixeira 23)* Geräte und Fotos aus der Zeit, als sein Vater dort Holzboote baute. Etwas östlich von Santo Amaro haben Sie vom ☆ *Miradouro Terra Alta* einen grandiosen Blick über die Küste und hinüber nach São Jorge.

Im westlichen Nachbarort *Prainha do Norte* (550 Ew.) finden Sie in der *Baía da Areia* den einzigen Sandstrand der Insel. Oberhalb von *Prainha de Cima* erstreckt sich das Lavafeld *Mistério da Prainha*, das bei Ausbrüchen Mitte des 16. Jhs. entstand. Ein lauschiger Forstpark liegt mittendrin. In der *Baía das Canas* stoßen Sie auf eine wunderschöne dunkle Lavakieselbucht.

SÃO ROQUE DO PICO (139 F4) *(⌖ G4)*

Die Kreisstadt im Norden zählt im Kern nur knapp 320 Ew., dennoch gehört sie wegen ihres wichtigen Hafens *Cais* do Pico zu den drei Hauptorten der Insel. Das *Museu da Indústria Baleeira (Di–So 9.30–14 Uhr | Eintritt 2 Euro bzw. Kombiticket s. Low Budget S. 66 | Rua do Poço)* informiert über die Verarbeitung der Pottwale zu Öl und Tierfutter. Vom ☼ Klosterhof des *Convento de São Pedro de Alcântara* aus dem 18. Jh. haben Sie eine schöne Aussicht über den Ort. Das einstige Franziskanerkloster wird heute als Jugendherberge genutzt.

Kurz bevor Sie den Nachbarort Santo António erreichen, lohnt sich ein Besuch der *Adega A Buraca (Mo–Sa, Sommer 9–19, Winter 10–18 Uhr | Eintritt 2,50 Euro inkl. Likörprobe | adegaaburaca.com)*; die ehemalige Winzerei fungiert heute als Bauernhofmuseum mit Verkostungs- und Einkaufsmöglichkeit. Bei Santo António finden Sie mit der `INSIDER TIPP` Lavazunge *Furna de Santo António* die schönste Felsbadeanlage der Insel.

ZONA DE ADEGAS ★ ●
(139 D–E4) (ﾛﾛ F–G4)

Zwischen Santa Luzia und Madalena können Sie die unzähligen mosaikähnlichen Weinfelder bewundern, die die Picoenser mühevoll im Lauf der Jahrhunderte anlegten und mit kleinen Mäuerchen abgrenzten – irgendwo mussten die zahlreichen Lavasteine schließlich hin. Die Unesco erkennt diese Kulturleistung seit 2004 als Welterbe an. Im *Centro de Interpretação da Paisagem da Cultura da Vinha (Sommer tgl. 10–18, sonst Di–Sa 9.30–12.30 Uhr | Eintritt frei, Führung inkl. Weinprobe 7 Euro | Lajido de Santa Luzia)* können Sie sich ausführlich über die bis heute aktive Weinherstellung in diesem unwirtlichen Gelände informieren. Bestaunen Sie auch in *Lajido* und *Cachorro* die einzigartigen schwarzen Winzerhäuser *(adegas)*! Über die steile Rampe *rola pipas* wurden die Weinfässer einst zur Verschiffung nach Faial herun-

tergerollt. Bei Brandung erleben Sie auf den kleinen Küstenwegen ein grandioses Naturschauspiel, wenn die Wellen unter die bizarren Felsen drücken.

Im *Kunsthandwerkslädchen (Artesanato Cachorro | tgl. | Alda Maria Freitas Costa | Tel. 2 92 62 24 18 u. 9 14 72 6117)* an der Felsküste von Cachorro können Sie sich durch die Likörauswahl probieren und den typischen Likör und Schnaps (auch in kleinen Flaschen) erstehen. Besonders köstlich ist der `INSIDER TIPP` Brombeerlikör *(licor de amora)*, der aus den Riesenbrombeeren von Pico hergestellt wird.

ESSEN & TRINKEN

CANTO DO PAÇO
In dem hübschen Natursteinhaus wird's gemütlich! Sehr lecker sind die *lulas* (Kalmar) oder die saftigen Rindersteaks. *Winter Di geschl. | Rua do Ramal 4 | Prainha | Tel. 9 64 70 92 31 |* €€

CELLA BAR ☼
Die futuristische, kapselartige Location hat den Architekturpreis als *Building of the Year* 2016 abgeräumt, auch Drinks, Tapas und Aussicht sind absolut preisverdächtig. Manchmal Livemusik! *Mo/ Di geschl. | Lugar da Barca | Madalena | Tel. 2 92 62 36 54 | www.facebook.com/ cellabar |* €€

O ANCORADOURO
Eines der besten Fisch- und Meeresfrüchterestaurants des Archipels. Probieren Sie die reichhaltige Fisch-*Cataplana*! *Mi geschl. | Rua João de Lima Whitton | Areia Larga | Madalena | Tel. 2 92 62 34 90 |* €€

O LAVRADOR ☼
Zum sympathischen Gasthaus mit toller Aussicht über Lajes gehört ein kleines Landwirtschaftsmuseum. *Tgl. | ER3 | Silveira | Lajes | Tel. 2 92 67 26 04 |* €

Vulkansteine machten's möglich: Die Weinfelder bei Madalena zählen zum Unesco-Welterbe

PONTA DA ILHA

Frischer Fisch aus eigenem Fang mit Blick auf den Leuchtturm. *Mo geschl. | Manhenha | Piedade | Tel. 2 92 66 67 08 | €–€€*

QUIOSQUE CARAPINHA

Das beste Softeis der Azoren gibt's in der Holzhütte am Hafen von Madalena. *Mai–Okt.*

ESPAÇO TALASSA 🌿

Im Andenkenladen der sehr auf Nachhaltigkeit bedachten Whalewatching-Pioniere finden Sie auch alternative Walsouvenirs, z. B. aus Rinderknochen oder Holz. *Rua dos Baleeiros | Lajes*

PICOARTES

Regionales Kunsthandwerk wie Häkel- oder Stickarbeiten und filigrane Fischschuppenskulpturen. *ER1 | São Mateus*

SOCIEDADE DE PRODUÇÃO DE LACTICÍNIOS

São João ist das Zentrum der Käseproduktion. Hier können Sie den leckeren, cremig-kräftigen Pico-Käse kaufen. *Tgl. | ER1 | São João*

Entlang der Küste finden Sie überall Naturbadestellen und Felsenpools – die schönsten in Madalena, Lajes, Santo António und São Roque. Den einzigen (schwarzen) Sandstrand gibt es bei Prainha.

Turispico (Caminho de Cima 17 | Piedade | www.turispico.pt) organisiert Reitausflüge im Osten der Insel.

Mehrere renommierte Tauchzentren bieten am Hafen in Madalena Tauchgänge an. Sehr zu empfehlen ist die deutschsprachige Basis *Pico Sport (www.pico-sport.com)*.

Azulejos erzählen die Geschichte der hl. Barbara, Namensgeberin der Kirche

DISCOTECA SKIPPER
In der ältesten Disko der Azoren können Sie die Nacht zum Tag machen. *Nur Sa |Rua de Acesso ao Porto Comercial |Santo António*

VIA BAR
Das Esplanadencafé in der alten Hafenbucht sorgt für Stimmung bis spät in die Nacht, oft mit rockiger Livemusik. *Tgl. | Rua Ouvidor Medeiros | Madalena | www. facebook.com/viabar.esplanada*

ADEGAS DO PICO
Übernachten Sie in restaurierten Winzerhäusern an Picos malerischer Nordostküste. Die zwölf Häuser befinden sich an verschiedenen Stellen der Ortschaft Prainha. *www.adegasdopico.com | €€*

ALDEIA DA FONTE ●
Unterhalb von Silveira finden Sie ein grünes Paradies zwischen Lavafelsen und dem Meer. Die geräumigen Zimmer sind auf sechs Natursteinhäuser verteilt. Nach dem Relaxen am Pool verwöhnt Sie das Restaurant *Fonte Cuisine* mit feinen Gerichten. *40 Zi. | Caminho de Baixo 2 | Lajes | Tel. 2 92 67 95 00 | www.aldeiadafonte.com | €€*

ALMA DO PICO ◉
Die Italiener Federica und Fabio haben sich mit ihrer *nature residence* einen Traum erfüllt. Nachhaltigkeit steht an erster Stelle, in den harmonischen Holzhäusern finden Sie Ruhe und Erholung – mitten im Wald. Im angeschlossenen Restaurant *Atmosfera* werden Sie mit italienisch angehauchten Gerichten umsorgt. *13 Zi. | Rua dos Biscoitos 34 | Madalena | Tel. 9 14 23 27 60 www.almadopico.com | €€*

CARAVELAS
Das einzige richtige Hotel der Insel punktet durch die unschlagbar zentrale Lage zwischen Hafen und Altstadt. Gleichzeitig sind die Zimmer ruhig und haben mindestens einen seitlichen Meerblick. *137 Zi. | Rua Conselheiro Terra Pinheiro 3 | Madalena | Tel. 2 92 62 85 50 | www. hotelcaravelas.com.pt | €€*

JOE'S PLACE
Liebevoll und kreativ wurden die fünf Räume gestaltet. Die freundlichen Gastgeber Hernance und Paulo servieren Ihnen auch ein reichhaltiges Frühstück. *Rua Secretário Teles Bettencourt 54 | Madalena | www.joesplaceazores.com | €–€€*

INSIDER TIPP ▶ O ZIMBREIRO ☀
Die Belgier Jérémy und Anne-Lise sorgen dafür, dass Sie im paradiesischen Gästehaus am Ostende der Insel einen unvergesslichen Urlaub verbringen. Meerblick, Hängematten, Pool, selbst gemachtes

Abendessen auf Anfrage. *5 Zi. | Caminho do Cruzeiro 83 | Ponta da Ilha | Piedade | Tel. 2 92 66 67 09 | www.zimbreiro.com | €*

WHALE'COME AO PICO
Für Whalewatcher ein Muss, aber auch sonst die beste Wahl in Lajes. *10 Zi. | Espaço Talassa | Rua dos Baleeiros | Lajes | Tel. 2 92 67 20 10 | hotel.espaco talassa.com | €–€€*

AUSKUNFT

POSTO DE TURISMO
Gare Marítima | Madalena | Tel. 2 92 62 35 24

SÃO JORGE

(140–141 A–F 1–4) *(⤋ G–H 3–4)* **Wie ein lang gezogener Drache liegt São Jorge im Ozean, 53 km lang, aber nur maximal 8 km breit. Auf die knapp 9000 Einwohner kommen etwa 30 000 Kühe, die auf den saftigen Weiden des Hochlands grasen. Sie produzieren die Milch für den berühmten *Queijo de São Jorge*.** Unterhalb der steilen Küstenlinie haben sich durch Lavazungen oder Erdrutsche schmale, oft schwer zugängliche Flächen gebildet. Über 70 größere und kleinere solcher *fajãs* gibt es rund um die Insel, zu manchen können Sie über traumhafte Pfade wandern. Überhaupt ist São Jorge eine Wanderinsel, packen Sie auf jeden Fall Wanderschuhe ein! Genießen Sie die Ursprünglichkeit, die Ruhe und die Küstenlandschaften der dünn, aber von sehr freundlichen Einwohnern besiedelten Insel!

SEHENSWERTES

CALHETA (141 D3) *(⤋ H4)*
Die zweitgrößte Gemeinde (1200 Ew.) ist gleichzeitig Verwaltungssitz für die Ost-

hälfte der Insel. Wegen des Naturhafens wurde die Siedlung 1483 gegründet – die von Steilküsten umgebene Insel hatte davon nicht viele und war sonst nur schwer zugänglich –, und er gab ihr den Namen: „schmale Bucht". Heute ist er natürlich längst mit großer Mole ausgebaut. Hinter der Pfarrkirche *Santa Catarina* aus dem 17. Jh. gibt es einen hübschen Stadtgarten, der nach dem Komponisten Francisco de Lacerda (1869–1934) benannt ist, dem berühmtesten Sohn der Insel. Ihm wurde auch das volkskundliche Museum gewidmet *(Museu Francisco de Lacerda | Mo–Fr 9–17.30 Uhr | Eintritt frei | Rua José Azevedo da Cunha)*. Im westlich angrenzenden Ort *Fajã Grande* können Sie die ⓥ *Thunfischfabrik Santa Catarina (Sa/ So geschl. | Rua do Roque 9 | www.atum santacatarina.com)* besuchen. Hier wird artenfreundlich gefangener Thunfisch zu hochwertigen Konserven veredelt.

Von Calheta aus führt eine reizvolle Straße entlang der Steilküste in die *Fajã dos Vimes* (80 Ew.). Statten Sie unbedingt der Familie Nunes einen Besuch ab: Sie pflanzt Kaffee und serviert ihn in ihrem **INSIDER TIPP** *Café Nunes*. Im Obergeschoss können Sie den Schwestern Alzira und Carminda beim Weben zuschauen.

MANADAS (140 C3) *(⤋ G4)*
Das kleine Küstenörtchen (370 Ew.) mit dem pittoresken Hafen ist azorenweit berühmt für die wohl üppigste Barockkapelle des Archipels. Die *Igreja Santa Bárbara (Sa/So geschl., fragen Sie Mo–Fr im Haus Nr. 6 nach der Küsterin)* aus dem späten 18. Jh. wurde im Innern über und über mit vergoldetem Schnitzwerk verziert. Azulejobilder erzählen die Geschichte der heiligen Barbara, und in der Sakristei können Sie wertvolle Möbel bewundern. Ein Sträßchen führt von Manadas in die idyllische *Fajã das Almas*, wo Sie am winzigen Fischerhafen an einer der schöns-

ten Naturbadestellen der Insel ins Meer abtauchen können.

NORTE GRANDE, NORTE PEQUENO & FAJÃS AN DER NORDKÜSTE ●
(140–141 C–D 2–3) (*⌘ G–H 4*)

Nicht gerade einfallsreich waren die Siedler, als sie die beiden Orte an der Nordküste einfach kleines *(pequeno)* und großes *(grande)* Norden nannten. Die Dörfer selbst haben außer dem ● *Ecomuseu Casa do Parque (Sommer tgl. 10–13 u. 14–18, sonst Di–Sa 14–17.30 Uhr | Eintritt frei | Norte Grande)*, das die Besonderheiten des Naturparks und des Insellebens zeigt, eher wenig zu bieten. Dafür finden Sie in den unterhalb der Nordküste liegenden *fajãs* umso spektakulärere Landschaften. Die inzwischen nicht mehr bewohnte, absolut ursprüngliche *Fajã de Além* ist nur zu Fuß zu erreichen, von der *Ermida de Santo António* bei Norte Grande über den anspruchsvollen Rundwanderweg PR5 *(6 km | 3 Std.)*. In der durch eine Lavazunge entstandenen *Fajã do Ouvidor* (50 Ew.) gibt es eine wundervolle Felsbadeanlage. Die berühmte, landschaftlich herausragende ★ *Fajã da Caldeira de Santo Cristo* (141 E3) (*⌘ H4*) erreichen Sie über den Wanderweg PR1 (s. S. 111). Wenn Sie sich die *Fajã dos Cubres* und die *Fajã da Caldeira de Santo Cristo* nur von oben anschauen wollen: An der schmalen Straße von Norte Pequeno zur Fajã dos Cubres gibt es einen ☀ *miradouro*.

PICO DA ESPERANÇA (140 C3) (*⌘ G4*)

Auf den höchsten Gipfel der Insel und andere Berge des zentralen Bergkamms gelangen Sie auf einer – bei gutem Wetter – aussichtsreichen Wanderung über einen Feldweg, der auch für Mountainbikes geeignet ist. Sie passieren verschiedene „Picos" des Hochlands und schließlich den Kraterrand des *Pico da Esperança*, des höchsten Gipfels der Insel (1053 m),

mit seinem kleinen Kratersee und steigen schließlich Richtung Norte Grande ab *(PR4 | 17 km | ca. 4 Std.)*.

ROSAIS & WESTEN
(140 A–B 1–2) (*⌘ G3–4*)

Im lauschigen Forstpark *Sete Fontes* nahe Rosais (750 Ew.) gibt es viel zu tun: Picknick machen, Tiergehege besuchen, Aussichten genießen ... Etwa vom ☀ *Miradouro do Pico da Velha* über den Westteil der Insel oder vom ☀ *Miradouro Fajã de Fernando Afons* hinunter zur gleichnamigen *fajã*. Schauen Sie sich auch das *Monumento ao Emigrante* an, das mit einer Azulejokopie des Gemäldes *Os Emigrantes* von Domingos Rebelo den Auswanderern gewidmet ist. Am Westpunkt der Insel, der *Ponta dos Rosais*, stoßen Sie auf die Ruine eines Leuchtturms. Seit einem schweren Erdbeben 1980 ist er nicht mehr in Betrieb.

URZELINA (140 C2) (*⌘ G4*)

Urzelina (900 Ew.), einst ein wichtiger Hafen für die Orangenhändler der Insel, wäre beim Vulkanausbruch von 1808 beinahe komplett zerstört worden, doch der Lavafluss stoppte wie durch ein Wunder direkt an der Kirche. Der *Kirchturm* blieb erhalten und erinnert heute an die Katastrophe. Später wurde eine neue Kirche gebaut, die *Igreja de São Mateus*. Im Hafen können Sie die Ruine der Hafenfestung *Forte de Castelinho* (17. Jh.) anschauen und anschließend im Naturschwimmbad in den Felsen baden.

TOPO & FAJÃ DE SÃO JOÃO
(141 E–F4) (*⌘ H4*)

Ganz im Osten der Insel, abgelegen hinter der Serra do Topo, liegt der Ort *Topo* (500 Ew.), von dem aus einst die Inselbesiedlung begann. Der Ortskern befindet sich etwa 100 m oberhalb des ehemaligen Walfängerhafens *Cais*

Atemberaubende Landschaft: Blick zur Fajã da Caldeira de Santo Cristo

do Topo. Auf der *Ponta do Topo* thront der Leuchtturm, vorgelagert sehen Sie die nur von Vögeln bewohnte Felsinsel *Ilhéu do Topo*. Wenn Sie die Rückfahrt antreten, machen Sie einen Abstecher hinunter in die *Fajã de São João*. Auf diesem klimabegünstigten Küstenstreifen an der Südküste herrschen optimale Bedingungen zum Obstanbau, dank der Wasserfälle mangelt es nie an Wasser. Früher wurden Zitrusfrüchte, Bananen und Kernobst angebaut, heute verbringen Einheimische und Emigranten gern ihre Ferien in den Sommerhäuschen der *fajã*. Der wunderschöne **INSIDER TIPP** Wanderweg PR3 *(10 km | 3,5 Std.)* führt von hier an der Küste entlang über Loural zur *Fajã dos Vimes*.

VELAS (140 B2) (*M G4*)

Velas (2000 Ew.) ist ohne Zweifel São Jorges Hauptort und versprüht trotz der wenigen Einwohner den Charme einer Stadt. Hier steht das einzige richtige Hotel der Insel, es gibt eine Reihe Cafés und

Restaurants, und im Hafen ist immer was los. Das alte *Hafentor* von 1799 ist noch gut erhalten, und auch die *Igreja de São Jorge,* Pfarrkirche aus dem 16./17. Jh., ist in einwandfreiem Zustand – nicht zuletzt dank des engagierten Pfarrers. Er hat über die Jahre so viele wertvolle Exponate gesammelt, dass zeitweise ein kleines Kirchenkunstmuseum betrieben wurde. Momentan stehen die meisten Ausstellungsstücke in der Kirche verteilt. Auf dem hübsch gestalteten Dorfplatz vor der Kirche sehen Sie den heiligen Georg, Insel- und Kirchenpatron, als Pflasterbild neben dem Basaltdrachen. Durch die Fußgängerzone erreichen Sie die *Praça da República* mit dem Rathaus aus Vulkangestein und dem hübschen Stadtgarten mit Musikpavillon. Aus der ehemaligen Piratenabwehrfestung am Meer haben die Stadtväter ein mutig buntes Kulturzentrum mit Auditorium geschaffen, direkt nebenan ist eines der beiden Naturschwimmbäder der Stadt. Hinter der kleinen Livramento-Kapelle

Den berühmten kräftigen Käse bekommen Sie in den Werken der Genossenschaft Uniqueijo

am Ortsrand befindet sich der Hausberg ☀ **INSIDER TIPP** *Morro Grande*. Von oben haben Sie eine tolle Aussicht über Velas, wer zur Kraterkante weiterwandert, hat einen atemberaubenden Blick in die Bucht *Baía de Entre-Morros*.

ESSEN & TRINKEN

AÇOR

DAS Café: Tagsüber lebhafte Cafeteria, abends gut besuchtes Restaurant mit regionaler Küche, anschließend Cocktailbar – was brauchen Sie mehr? *Tgl. 8–2 Uhr | Largo da Matriz 4 | Velas | Tel. 2 95 41 23 62 | €*

INSIDER TIPP ▶ CAFÉ VELENSE

Die liebenswerte Goretti umsorgt Sie wie eine Mama, ihre Köchinnen zaubern köstliche Gerichte, der Fisch ist stets frisch. Die Bleistiftporträts an den Wänden des Restaurants im Obergeschoss (unten: Kneipe) hat Goretti selbst gemalt. *Sommer tgl., Winter unregelmäßig | Rua Dr. José Pereiro 5 | Velas | Tel. 2 95 41 21 60 | €–€€*

CLUBE NAVAL

Für Fisch und Meeresfrüchte direkt am Hafen die beste Wahl, hier finden Sie zur Saison auch die seltenen Venusmuscheln von São Jorge *(amêijoas)*. *Tgl. | Rua do Cais | Velas | Tel. 2 95 09 80 91 | €–€€*

FORNOS DE LAVA ☀ ⊚

Speisen mit Stil und toller Aussicht. Viele der Zutaten für die köstliche *cataplana* kommen aus dem eigenen Biogarten. *Tgl. | Travessa de São Tiago 46 | Santo Amaro | Tel. 2 95 43 24 15 | €€*

MARÉ VIVA

Die Lage unterhalb der Steilküste direkt am Meer ist unschlagbar. Und dann diese Fischsuppe ...! *Tgl., Winter Mo/Di geschl. | Fajã das Almas | Tel. 2 95 41 44 95 | €€*

O AMÍLCAR

Nach einem Bad in den Lavabecken der *fajã* genießen Sie Fisch aus eigenem Fang auf der ☀ Terrasse. *Tgl., Winter Di geschl. | Fajã do Ouvidor | Tel. 2 95 41 74 48 | €*

EINKAUFEN

FUSSGÄNGERZONE VELAS

Stöbern Sie in den kleinen Boutiquen, hier finden Sie so manches Schätzchen. Hübsche Souvenirs und Kunsthandwerk gibt es bei *Art* in der ehemaligen Markthalle am Kirchplatz.

UNIQUEIJO ●

In den Werken der Genossenschaft erfahren Sie bei einer Führung mit anschließender Käseprobe alles über die Herstellung des berühmten, kräftigen *Queijo de São Jorge*. Im angeschlossenen Laden können Sie den Käse eingeschweißt für zu Hause kaufen. Die größte Uniqueijo-Fabrik finden Sie am nördlichen Ortsrand von Beira, oberhalb von Velas. *Sa/So geschl. | Eintritt 1,50 Euro | Canada do Pilar 5*

SPORT & STRÄNDE

Das Meer ist nur an den *fajãs* zu erreichen, Sand ist Mangelware und die Brandung oft zu stark. Besuchen Sie geschützte Felsbadestellen wie z. B. die *Piscina Natural da Preguiça in Velas*, die sich hervorragend zum Baden eignen.
Sie möchten sich durch Wasserfälle hinabseilen lassen und beim *Canyoning* auf abenteuerliche Art die tollsten Winkel der Insel kennenlernen? *Aventour (Rua Nova 91 | Calheta | Tel. 2 95 41 64 24 | www.aventour. pt)* organisiert derartige Adrenalinkicks. São Jorge ist eine Wanderinsel. Wegbeschreibungen gibt's im Tourismusbüro oder auf *wanderwege.visitazores.com*.

AM ABEND

ZODÍACO

Die einzige Disko der Insel, eine der ältesten der Azoren. Oft gibt es Themenpartys. *Fr/Sa | Rua Dr. Machado Pires | Velas | www.facebook.com/discotecazodiaco*

ÜBERNACHTEN

CANTINHO DAS BUGANVILIAS ☆

Moderne Anlage gegenüber der Bucht von Velas und deshalb etwas ab vom Schuss, mit toller Aussicht, Pools und großzügigen Apartments. *19 Ap. | Rua Padre Augusto Teixeira | Queimada | www.cantinhodasbuganvilias.com | Tel. 2 95 43 22 71 | €€*

JARDIM DO TRIÂNGULO

Ruhig und naturnah wohnen Sie in diesen liebevoll hergerichteten Gästehäusern zwischen Urzelina und Manadas. Elfi und Christian helfen Ihnen gern mit Tipps zur Urlaubsgestaltung. *5 Zi. | Terreiros 91 | Urzelina | Tel. 2 95 41 40 55 | www. ecotriangulo.com | €€*

POUSADA DE JUVENTUDE

Die neueste Jugendherberge der Azoren, mit ☆ Meerblick-Lounge und Café. Sie müssen nicht mit Unbekannten im Schlafsaal nächtigen, es gibt auch Doppelzimmer mit eigenem Bad. *Canada da Vinha Nova | Fajã Grande | Calheta | Tel. 2 95 46 00 00 | www.pousadasjuvacores. com | €*

SÃO JORGE GARDEN

Das einzige richtige Hotel der Insel, strateqisch gut gelegen zwischen den beiden Felsbadestellen. Nachts hören Sie die *cagarros* (Gelbschnabelsturmtaucher) schreien, die an der Steilküste nisten. Relaxen können Sie am Pool und in Hängematten. *58 Zi. | Av. dos Baleeiros | Velas | Tel. 2 95 43 01 00 | info@hotelsao jorge.pt | €€*

AUSKUNFT

POSTO DE TURISMO

Rua Dr. José Pereira | Velas | Tel. 2 95 41 24 40

TERCEIRA & GRACIOSA

Terceira und Graciosa haben trotz ihrer unterschiedlichen Größe ein paar Gemeinsamkeiten – allen voran die Feierfreude ihrer Bewohner. Terceira, drittgrößte Insel des Archipels, ist berühmt für ihre Heiliggeistfeste, Straßenstierkämpfe und tagelangen Volksfeste. Graciosa, die zweitkleinste, gilt als Karnevalshochburg.

Hohe Erhebungen sind Mangelware, Graciosa ist gar die flachste aller Azoreninseln. Stattdessen finden Sie spektakuläre Vulkanhöhlen, liebliche Landschaften und hochwertige Weine.

GRACIOSA

(137 D–F 1–2) ([] G–H 2–3) **Graciosa (4400 Ew.)** wird oft links liegen gelassen, sie liegt etwas abseits der typischen Touristenrouten. Sie können auf der zum Biosphärenreservat gekürten Insel wunderbar wandern, Wein probieren oder im Thermalbad entspannen. Und wenn gerade Karneval ist, kräftig mitfeiern!

Die „Anmutige", die „Liebliche" misst sogar an der Caldeira maximal eine Höhe von 405 m, sodass es wenig Andockmöglichkeiten für Regenwolken gibt. Die Trockenheit führte in der Vergangenheit dazu, dass sogar Wasser von anderen Inseln importiert werden musste und dass man sich schon früh dem wenig bewässerungsintensiven Gerste- und Weinanbau verschrieb. Die Gerste wurde in Windmühlen gemahlen, die Sie bis heute als Wahrzeichen Graciosas an vielen Stellen der Insel sehen.

Vulkanhöhlen, Wein und liebliche Hügel gibt's auf beiden Inseln. Auf Terceira feiern bei Straßenstierkampf und Co. alle mit!

SEHENSWERTES

CALDEIRA UND FURNA DO ENXOFRE (137 E2) (*H3*)

Das Bergmassiv im Süden mit der üppig grünen Caldeira ist wohl der landschaftlich schönste Teil der Insel. Sie fahren durch einen Tunnel in den Krater und gelangen über einen kurzen Pfad zum vulkanischen Highlight der Insel, der „Schwefelhöhle" ⭐ *Furna do Enxofre* (Mitte Juni–Mitte Sept. tgl. 10–18, Mai–Mitte Juni Di–Fr 9.30–13 u. 14–17.30, Sa 14–17.30, sonst Di–Sa 14–17.30 Uhr | nur mit Führungen für 3,50 Euro, 2- bis 3-mal tgl. | short.travel/azo10) mit ihrem futuristischen Besucherzentrum. Die Höhle – 95 m tief und bis zu 130 m breit – liegt unterhalb einer Basaltkuppel im Vulkanschlot. Sie steigen durch einen Turm mit Wendeltreppe hinab und werden zu einer Stelle geführt, von der Sie einen Blick auf die malerische *Lagoa do Styx*, den See am Höhlengrund, werfen können. Wegen giftiger Gase ist kein Abstieg bis zum See möglich. Auf dem Wan-

In den restaurierten Windmühlen der Insel (hier eine in Praia) wurde früher Gerste gemahlen

derweg PR2 *(10 km | 3 Std.)* können Sie den Kraterrand der Caldeira umrunden. Unterwegs treffen Sie auf eine weitere Höhle, die *Furna da Maria Encantada*. Begeben Sie sich mit der Taschenlampe auf Erkundungstour!

CARAPACHO (137 E2) (*Ⓜ H3*)

In den an der Küste gelegenen **INSIDER TIPP** Thermalquellen *(Termas de Carapacho | Di–Fr 12–18, Sa/So 10–17 Uhr | Eintritt Thermalbecken 1 Euro | Rua Dr. Manuel de Menezes)* am hübschen historischen Kurhaus können Sie wunderbar entspannen (derzeit nur in einem Becken), das schwefel- und salzhaltige Wasser hilft auch bei Rheumaleiden und Hautkrankheiten. Unterhalb der Quellen am Meer finden Sie schöne Naturschwimmbecken.

NORDEN & WESTEN

(137 D–E 1–2) (*Ⓜ G–H 2–3*)

Wegen des hellen Trachytgesteins der *Serra Branca*, die den Nordteil vom Süden der Insel trennt, wird Graciosa auch „Weiße Insel" genannt. Der inselüberquerende Wanderweg PR1 *(9 km | 2,5 Std.)* führt Sie durch dieses Gebirge und auf den aussichtsreichen ☀ Vulkankegel *Pico da Caldeirinha*, bevor es hinunter nach *Praia* geht. Nördlich der Serra Branca gibt es kleine Dörfer wie *Guadalupe* und *Vitória*, Viehweiden und Weinberge. *Porto Afonso* ist ein winziger Hafenort an der Küste. An der Nordwestspitze ☀ *Ponta da Barca* können Sie den hübschen Leuchtturm und die vorgelagerte Felsinsel *Ilhéu da Baleia* mit ihrer Pottwalform bewundern.

PRAIA (137 E2) *(⊘ H2)*

Den schönsten Blick auf den Hafenort Praia (840 Ew.) mit seinen restaurierten Windmühlen in Hafennähe und der vorgelagerten Felsinsel *Ilhéu da Praia* haben Sie vom 193 m hohen ☀ INSIDER TIPP ▶ *Monte da Saúde*. Die *Ermida Nossa Senhora da Saúde* dort ist eine beliebte Wallfahrtskapelle. Im Ort selbst lohnt die *Igreja de São Mateus* einen Besuch; sie wurde im 19. Jh. mit vergoldeten Barockaltären ausgestattet.

SANTA CRUZ DA GRACIOSA
(137 E1) *(⊘ H2)*

Die Inselhauptstadt (1800 Ew.) wird Sie mit ihrer pittoresken, denkmalgeschützten Innenstadt, verzaubern. Die vornehmen Herrschaftshäuser stammen aus der Glanzzeit des Weinanbaus Ende des 18. bis Mitte des 19. Jhs., so auch das Rathaus am Stadtplatz *Rossio* (auch: *Praça Fontes Pereira de Melo*). Die Wasserbecken dienten einst der Versorgung des Viehs und der Bevölkerung. Heute spielt manchmal die Blaskapelle im Musikpavillon und die Leute treffen sich im Schatten der Neuseeländischen Weihnachtsbäume. Im Inneren der 1500 gebauten *Igreja Matriz* sind Spuren des manuelinischen Stils und flämische Figuren zu finden. Daneben können Sie in der 1510 als Krankenhauskirche errichteten *Igreja da Misericórdia* einen Blick auf die heiß verehrte Figur *Senhor Santo Cristo* werfen, Christus zu Ehren findet im August eine große Prozession statt. Das *Museu da Graciosa (Mo–Fr 9–12.30 u. 14–17, Juli/Aug. auch Sa/So 14–17 Uhr | Eintritt 1 Euro | Rua das Flores 2)* kombiniert ein altes Weinhändlerhaus geschickt mit moderner Architektur; eine Ausstellung zeigt Inselgeschichte und Leben ihrer Bewohner. Einen wunderbaren Blick auf Santa Cruz haben Sie vom Hausberg ☀ *Monte da Ajuda*, einem 129 m hohen Vulkankegel mit gleich drei Wallfahrtskirchen. Der Krater wird auch als Naturarena für Stierkämpfe oder Konzerte genutzt.

ESSEN & TRINKEN

APOLO 80

Das Lokal am Hauptplatz überzeugt zwar nicht mit gemütlichem Ambiente, dafür aber mit bodenständigen, schmackhaften Gerichten. *Tgl. | Rua D. João IV 8 | Santa Cruz | Tel. 2 95 71 26 60 | €*

COSTA DO SOL

In diesem familiären Restaurant am Hafen sollten Sie den frischen Fisch oder Oktopus probieren. *Tgl. | Largo da Calheta 2 | Santa Cruz | Tel. 2 95 71 26 94 | €€*

DOLPHIN ☀

Von der großen Terrasse der Snackbar neben den Thermen haben Sie einen tollen Meerblick. Es gibt neben frischem Fisch auch leckere *cataplana*. *Tgl. | Caminho Carapacho | Carapacho | 2 95 71 20 14 | €€*

★ **Angra do Heroísmo**
Erkunden Sie auf Terceira die zum Unesco-Welterbe ernannte Renaissancestadt
→ **S. 87**

★ **Algar do Carvão**
Steigen Sie hinab in den einzigen begehbaren Vulkanschlot der Welt → **S. 92**

★ **Furna do Enxofre**
Inmitten der beeindruckenden Caldeira von Graciosa geht es hinab in die spektakuläre Höhle mit ihrem unterirdischen See → **S. 83**

MARCO POLO HIGHLIGHTS

INSIDER TIPP **QUINTA DAS GROTAS**

In dem gemütlichen Landhaus bekommen Sie Brote und Schmorgerichte aus dem Holzofen, z. B. die köstliche, im Tonziegel zubereitete *telha de marisco*. *Tgl. | Caminho das Grotas 28 | Ribeirinha (Westküste) | Tel. 2 95 71 23 34 | €€*

EINKAUFEN

PASTELARIA QUEIJADAS DA GRACIOSA

Hier werden die köstlichen sternförmigen Törtchen gebacken, die Sie im Zwölferkarton kaufen können. *Rua Canada Nova 34–36 | Rochela | Praia*

TERRA DO CONDE

Den bei Vitória angebauten Wein können Sie in der Probierstube testen, dann kaufen. Es gibt auch einen Aperitifwein und einen hervorragenden *aguardente*. *Rua Mouzinho de Albuquerque | Santa Cruz*

LOW BUDGET

In dem sympathischen und von vielen Blumen gesäumten *Hostel Sawmill (9 Zi. | Caminho Novo | Agualva | Tel. 295701639 | sawmillazores@gmail.com)* an der Nordseite Terceiras bekommen Sie schon für 25 Euro ein Doppelzimmer (mit Gemeinschaftsbad).

Auch im Zentrum von Angra kostet eine Übernachtung nicht viel: Im *Purple Island Hostel (4 Zi. | Rua da Guarita | Angra | Tel. 2 95 62 81 35 | www.purpleislandhostel.pt)* zahlen Sie 35 Euro für ein Doppelzimmer (mit Gemeinschaftsbad), ein Stockbett im Mehrbettzimmer gibt's schon für 17 Euro inkl. Frühstück.

AM ABEND

GRAFIL COFFEE BAR

In der sympathischen Musikkneipe gibt es häufig Livekonzerte. *Largo Conde de Simas 4 | Santa Cruz | www.facebook.com/grafilcoffeebar*

ÜBERNACHTEN

CASA DAS FAIAS

Hier nächtigen Sie in einem urigen Natursteinhaus ganz in der Nähe der Marina. *8 Zi. | Rua Infante D. Henrique 9 | Praia | Tel. 2 95 73 27 66 | www.casasacorianas.com/azores/houses/casa-das-faias | €€*

GRACIOSA HOTEL ⚘

Auf das moderne, großzügige Designhotel kann Graciosa stolz sein, mit solch einem Hotel können andere kleine Inseln nicht aufwarten. Es liegt direkt am Meer, etwas südlich von Santa Cruz. Sollten Sie mal Pech mit dem Wetter haben, können Sie in der Sauna entspannen. *52 Zi. | Porto da Barra | Santa Cruz | Tel. 2 95 73 05 00 | res@graciosahotel.com | €€€*

MOINHO DE PEDRA

Sie wollten immer schon einmal in einer alten, renovierten Mühle übernachten? Hier haben Sie die Gelegenheit dazu! *4 Zi. | Rua dos Moinhos de Vento 28 | Praia | Tel. 2 95 71 25 01 | www.moinho-de-pedra.pt | €*

QUINTA DA GABRIELE ⚘

In einem schön angelegten Garten mit eigenem Obstanbau liegen die zwei Ferienhäuser von Sibylle Vogel, die sich auch um Ihr seelisches und gesundheitliches Wohlbefinden kümmert. *Carapacho 52 | Tel. 2 95 71 43 52 | www.azoren-gesundheitsurlaub.com | €–€€*

Vor dem Ort liegt der „Hausvulkan" Monte Brasil: Angra do Heroísmo

POSTO DE TURISMO
Rua Eng. Manuel Rodrigues Miranda 11 | Santa Cruz | Tel. 2 95 73 02 54

QUIOSQUE ART
Praça Fontes Pereira de Melo | Santa Cruz | Tel. 2 95 71 28 88. Am Flughafen und am Fährhafen öffnen die Tourismusbüros bei Ankünften.

TERCEIRA

(137 D F 4–G) (ⓜ J–K 3–4) **Auf São Miguel hören Sie vielleicht Scherze über Terceira, etwa: „Es gibt nur acht Azoreninseln – und einen Vergnügungspark ..." Wahrscheinlich entspringen solche Sprüche bloßem Neid. Die „Feierinsel" war in der Vergangenheit viel bedeutender als São Miguel, zweimal wurde hier portugiesische Geschichte geschrieben – auch die einzigartige Renaissancearchitektur von Angra zeugt davon.**
Terceira (56 500 Ew.), die drittgrößte Insel des Archipels, wurde nach Santa Maria und São Miguel als Dritte entdeckt und zunächst *Ilha de Jesu Cristo* getauft, bevor sich der Name „die Dritte" durchsetzte. Die Terceirenser sind stolz auf ihre glorreiche Vergangenheit: etwa dass sie 1581 in der Schlacht von Salga die spanischen Truppen mithilfe von Stieren in die Flucht schlugen. Und dass sie dem liberalen König Pedro IV. Mitte des 19. Jhs. im Kampf gegen seinen absolutistischen Bruder Miguel zur Macht verhelfen konnten. Als Dank für diese Unterstützung verlieh Pedros Tochter, Königin Dona Maria II., den Städten Angra und Praia später ihre heldenhaften Namenszusätze „do Heroísmo" und „da Vitória". Sie werden auf Terceira hübsche Städte und Küstenlandschaften mit tollen Badestellen vorfinden, ganz zu schweigen von den vulkanischen Highlights im Inselhochland.

ANGRA DO HEROÍSMO ⭐
(137 E6) (ⓜ J4)
Angra (13 000 Ew.) – auf Deutsch so etwas wie „Ankerbucht" – war zeitweise der wichtigste Versorgungshafen auf

Angra do Heroismo

200 m
219 yd

Baia de Angra

Monte Brasil

Castelo de São João Baptista

den Handelsrouten über den Atlantik. Die zahlreichen Paläste und Prachtbauten erinnern Sie noch heute an diese Zeit. Schon 1534 wurde Angra zur Großstadt und zum Bischofssitz erklärt – noch so ein Grund, warum man auf São Miguel etwas neidisch nach Terceira schaut. Nach einem schweren Erdbeben am 1. Januar 1980 wurden die Gebäude wieder aufgebaut, und die Unesco erklärte die harmonische Renaissancearchitektur zum Weltkulturerbe – wo gibt es sonst mitten im Atlantik so einen Glanz? Angra ist heute ohne Zweifel die schönste aller Azorenstädte und die einzige, in der Sie wirklich Sightseeing machen können.

Beginnen Sie an der mächtigen, aber von innen angenehm schlichten Kathedrale, der *Sé Catedral do Santíssimo Salvador (Rua da Sé)*, die nach dem Erdbeben nach den Bauplänen aus dem 16. Jh. wieder aufgebaut wurde. Hinter der Kathedrale können Sie an der Fassade des *Palácio Bettencourt (Mo–Fr 9–19, Sa 9.30–12 Uhr, Sommer Mo–Fr 9–17 Uhr | Rua da Rosa 49)*, des einstigen Stadtpalasts der Händlerfamilie Bettencourt aus dem spä-

ten 17. Jh., ein Wappenportal bewundern. Gehen Sie ruhig hinein und schauen Sie sich den **INSIDER TIPP** ▶ *Lesesaal und die azulejos im Treppenhaus* an, das Gebäude ist heute öffentliche Bibliothek und Stadtarchiv. Weiter zum nächsten Palast: im *Palácio dos Capitães-Generais (Mo, Mi–Sa 10–18, Sommer auch So 14–18 Uhr | Eintritt 2 Euro | Rua do Palácio)* residierten im 18./19. Jh. die Generalkapitäne, die als Vertreter des portugiesischen Königs von hier aus die Azoren verwalteten. Heute wird der Palast für Empfänge des Azorenpräsidenten genutzt. Sie werden durch prunkvolle Säle geführt, und auch den Kreuzgang des einstigen Jesuitenklosters – bis zur Vertreibung des Ordens 1759 diente das Gebäude als Jesuitenkolleg – dürfen Sie besichtigen.

Durch den hübsch angelegten Stadtpark *Jardim Duque da Terceira*, der sich zum Teil auf dem Gelände des einstigen Klostergartens der Franziskaner befindet, steigen Sie hinauf zum ☀ *Alto da Memória*. Der Obelisk erinnert an Pedro IV., der 1832 von Angra aus in den siegreichen Kampf gegen seinen absolutistischen

Bruder zog. Die Aussicht von oben ist grandios, mit Glück sehen Sie den *Pico* hinter São Jorge. Im ehemaligen Franziskanerkloster finden Sie das *Museu de Angra (Di–Fr 9.30–17, Sa/So 14–17 Uhr | Eintritt 2 Euro | Ladeira de São Francisco)* mit seiner Sammlung zur Inselgeschichte. Sie haben auch Zugang zur dazugehörigen Barockkirche, in deren Vorgängerbau Paulo da Gama, der Bruder des berühmten Seefahrers Vasco, begraben wurde. Wo sich einst das Gewächshaus des Klostergartens befand, können Sie heute Biotee und Kuchen genießen: in der ● ◔ *Casa do Jardim (Di–Sa 10–17.30, Sommer bis 19 Uhr | Jardim Duque da Terceira | Tel. 9 60 34 23 61 | €)*, wo mittags auch vegetarische Gerichte serviert werden.

Über die *Praça Velha*, den zentralen Rathausplatz, gelangen Sie in die Rua Direita. Entlang der Straße sehen Sie noch so manche Adelspaläste und Prachtbauten, bevor Sie die Marina erreichen. Über dem Yachthafen thront die blau-weiße *Igreja da Misericórdia* aus dem 18. Jh.

Am Hang des Hausvulkans *Monte Brasil* können Sie die gewaltige Festung ● *Castelo de São João Baptista (Führungen tgl. um 10, 11, 14, 15, 16 u. 17 Uhr | Eintritt frei | Largo da Boa Nova)* besichtigen, die während der spanischen Herrschaft Ende des 16. Jhs. errichtet wurde. Heute ist hier Militär stationiert, die Soldaten führen Sie aber gerne zu den Bollwerken, zur Zisterne und zur *Johanneskirche*, die 1645 zum Dank für die Rückeroberung der Krone von den Spaniern gebaut wurde. Den ✴ *Monte Brasil* mit seinen Aussichtspunkten können Sie wunderbar auf einer Wanderung *(PR4 | 7,5 km | 2,5 Std.)* erkunden.

BISCOITOS & NORDKÜSTE
(137 E4) (*Ⓜ J3*)

Wie eine Perlenkette reihen sich die Dörfer entlang der ER1 rund um die Insel. Viele bieten außer einer bunten Heiliggeistkapelle keinen Grund zum Stopp,

BUNTE KAPELLEN

Reisen Sie zwischen Ostern und Pfingsten nach Terceira? Dann haben Sie gute Chancen, in eines der unzähligen ● Heiliggeistfeste zu geraten. Hier auf Terceira nimmt man diesen Brauch besonders ernst – schließlich stand der Espírito Santo den Inselbewohnern bei zahlreichen Naturkatastrophen bei. Ursprünglich gab es den im 13. Jh. von König Dom Dinis eingeführten Kult überall in Portugal, heute findet man ihn nur noch auf den Azoren. Gefeiert wird rund um die meist bunt bemalte Heiliggeistkapelle – den *império* –, an der Sie auch die Attribute des Heiligen Geistes sehen: ein Zepter, eine Krone und ein Täubchen. In den Kapellen gestalten die Anwohner zum Fest einen Altar, auf dem sich die Gaben für den Heiligen Geist türmen, allen voran gut gefüllte Weinkrüge und das typische süßliche Brot *massa sovada*. Es gibt eine Prozession, gefolgt von einer symbolischen Krönung des *imperador* (Kaisers). Danach wird gespeist: Das üppige gemeinschaftliche Mahl mit Heiliggeistsuppe, Brot und *alcâtra* (Rindfleischstücke) ist aus den frühen Armenspeisungen hervorgegangen. Die bunten Kapellen finden Sie in vielen Dörfern, besonders schöne *impérios* sehen Sie z. B. in São Sebastião und in Praia da Vitória.

doch in *Biscoitos* (1420 Ew.) sollten Sie verweilen: Hier gibt es eine der schönsten Felsbadeanlagen der Azoren – und ein kleines Weinmuseum. Familie Brum produziert seit fünf Generationen Wein, Luís und Maria erzählen im ● *Museu do Vinho* (Winter Di–Sa 13.30–16, Sommer Di–So 10–11 u. 13–17.30 Uhr | *Canada do Caldeira 3*) die Geschichten zu den historischen Gerätschaften, danach können Sie den Tisch- oder Likörwein in der *adega* probieren. Am ⚘ *miradouro* auf der *Ponta da Furna* bei Quatro Ribeiras gibt es einen tollen Picknickplatz mit Aussicht über die *Baía das Quatro Ribeiras*, die sich auch zum Baden eignet. Die wundervolle ⚘ **INSIDER TIPP** Küstenlandschaft von Agualva erkunden Sie am besten auf einer Wanderung (*PR2 | 4 km | 2 Std.*).

PRAIA DA VITÓRIA (137 F5) (*J3*)

Wundern Sie sich nicht, wenn Sie in der Einkaufsstraße Rua de Jesus und in den Cafés am Hauptplatz der zweitgrößten Stadt der Insel (6700 Ew.) Amerikanern begegnen – der Flughafen und die US-amerikanische Airbase von Lajes sind nicht weit. Hinterm Rathaus führen Stufen hinauf zur *Igreja Matriz Santa Cruz*. Am Eingang und an der Südseite der 1456 gebauten Kirche sehen Sie noch manuelinische Marmorportale, die extra vom Festland hergeschickt wurden. In kräftigem Blau leuchtet die *Igreja da Misericórdia* etwas unterhalb der Hauptkirche. Doch das Highlight der Stadt ist das Blau des Meeres. Selten finden Sie auf den Azoren einen so schönen Stadtstrand wie in der *Bucht von Praia*. Möchten Sie ihn sich von oben anschauen? Steigen Sie hinter der Marina hinauf zum ⚘ *Miradouro do Facho*. Noch spektakulärer ist der Blick von der 546 m hohen ⚘ **INSIDER TIPP** Serra do Cume westlich von Praia: die halbe Insel mit ihrem Kuhweidenmosaik liegt Ihnen zu Füßen.

SANTA BÁRBARA & WESTEN (137 D5) (*J3–4*)

Der Westen Terceiras ist geprägt vom 1021 m hohen *Santa-Bárbara-Vulkan*. Eine

STIERKAMPF AN DER LEINE

Festa brava, mutiges Fest, nennen die Terceirenser ihre traditionellen Stierkämpfe, die zwischen Mai und Oktober ausgetragen werden – fast 300 pro Saison. Was Tierschützer aufregt, begeistert Stierzüchter, Teilnehmer und Zuschauer: Nacheinander werden vier Kampfstiere, sorgsam vom Züchter ausgewählt, innerhalb eines markierten Gefahrenbereichs durch die Gassen von Dörfern oder Stadtteilen gejagt. Die Anwohner verbarrikadieren zuvor ihre Hofeinfahrten, Türen und Fenster und nehmen dann die Logenplätze auf ihren Balkonen oder Garagendächern ein.

Mutige Jungs reizen die Stiere, teilweise mit Regenschirmen, bevor sie sich über Hecken oder Mauern in Sicherheit bringen. Nicht immer sind sie schnell genug, eine Ambulanz ist deshalb in der Nähe. Nach einer halbe Stunde ziehen sechs weiß gekleidete *pastores* (Hirten) den Stier an seiner langen Leine zurück in die Transportbox und bringen ihn auf seine Weide. Am beliebtesten ist der „Fünfte Stier": Familien und Freunde (zu denen auch Sie als neugieriger Besucher plötzlich zählen könnten!) feiern in ihren Gärten oder Garagen weiter und verzehren das üppige Häppchenbuffet.

Am Hafen von Praia da Vitória ist ein Denkmal den Fischern gewidmet

schmale Serpentinenstraße führt von der ER5 hinauf zum Kraterrand. Nahe der Abzweigung können Sie sich im *Centro de Interpretação da Serra de Santa Bárbara (Mitte Juni–Mitte Sept. tgl. 10–18, sonst Di–Sa 9.30–12.30 Uhr | Eintritt 2,50 Euro)* über den *Naturpark* Terceiras und seine geologischen Besonderheiten informieren. Nahe dem ⚜ *Miradouro do Raminho* mit schönem Pflastermosaik gibt es eine *Vigía da Baleia*, einen alten Walausguck. An der *Ponta do Queimado* beleuchtet der moderne Leuchtturm *Farol da Serreta* die Westspitze. Picknick gefällig? Der Forstpark von *Serreta* bietet Tische, hübsche Pfade und einen Spielplatz.

SÃO MATEUS DA CALHETA
(137 E6) (*ⓜ J4*)
Im Nachbarort von Angra wird traditionell Fisch gefangen, hier finden Sie nette Fischrestaurants. Die etwas überdimensionierte *Igreja de São Mateus* sorgt für ein pittoreskes Ortsbild. Im *Núcleo Museológico Casa dos Botes Baleeiros (tgl. 9–18 Uhr | Eintritt frei)*, dem ehemaligen Bootsschuppen der Walfänger im Hafen, können Sie sich restaurierte Boote anschauen und sich über Fischfang informieren.

SÃO SEBASTIÃO & SÜDOSTEN
(137 F6) (*ⓜ J4*)
Die *Igreja de São Sebastião* aus der Mitte des 15. Jhs. ist eine der ältesten Kirchen des Archipels. In ihrem Inneren können Sie Fresken bestaunen, die einzigen auf den Azoren! Die Feuchtigkeit hat sehr daran genagt, deshalb sind manche Heilige selbst nach der aufwendigen Restaurierung schwer zu erkennen. Nebenan können Sie sich einen der bunten *impérios* anschauen. Baden Sie anschließend an der malerischen Südostküste in *Porto Martins*, in der *Baía dos Salgueiros* oder in der *Baía da Salga*.

VULKANISCHE PHÄNOMENE IM HOCHLAND (137 E5) (*ⓜ J3*)
Das Zentrum der Insel ist von den Überresten der riesigen *Caldeira de Guillerme*

Ursprüngliche Küche in Bioqualität im Restaurant der Quinta do Martelo

Moniz bestimmt. Hier erleben Sie die geologischen Highlights der Insel, allen voran die einzigartige Vulkanschlothöhle ⭐ *Algar do Carvão*. Etwa 100 m sind es vom mystisch wirkenden Kraterrand bis zum See am Grund des Schlots. Sie betreten die Höhle durch einen seitlichen Schacht, innen gibt es Treppen. Es tröpfelt oft, und die Atmosphäre in der „Kathedrale", wie der riesige, blasenartige Hohlraum genannt wird, ist fast ein wenig magisch. Auch die *Gruta de Natal* (137 D–E5) *(⊞ J3)* an der malerischen *Lagoa do Negro* lohnt einen Besuch. Hier bekommen Sie einen Helm zur Erkundung des Lavatunnels. Der engagierte Höhlenforscherverein *Os Montanheiros* betreut die beiden Höhlen *(nur nachmittags, monatlich wechselnde Öffnungszeiten, Juli/Aug. 14–18 Uhr | pro Höhle 6 Euro, Kombiticket 9 Euro | www.montanheiros.com)*, Hobbygeologen erklären spannende Hintergründe der Entstehung. Zwischen den Höhlen gibt es ein dampfendes und nach Schwefel stinkendes Areal namens 🟢 *Furnas do Enxofre*: Nase zu und durch – hier atmet die Erde! Über einen Holzsteg können Sie durch das Fumarolenfeld spazieren, Infotafeln geben Aufschluss, wie es zu den schwefelwasserstoffhaltigen Ausdünstungen kommt.

ESSEN & TRINKEN

ADEGA LUSITANA

Ein uriges, etwas in die Jahre gekommenes Restaurant mit hervorragender *alcâtra*. Den Köchinnen können Sie bei der Arbeit zuschauen, die Kellner werden Sie mit Inbrunst bedienen, und manchmal tritt sogar eine Folkloregruppe auf. *So geschl. | Rua de São Pedro 63–65 | Angra | Tel. 2 95 21 23 01 | €€*

BAR DO ABISMO

In der Bar am Meeresschwimmbad bekommen Sie den besten *galão* der Insel, außerdem leichte Gerichte. *Sommer tgl., sonst unregelmäßig | Caminho Vinhas do Mar | Biscoitos | Tel. 9 64 79 12 34 | €*

BEIRA MAR

In dem legendären Fischrestaurant im Hafen von São Mateus gibt's Fisch und Meeresfrüchte, klar. Probieren Sie die Fischsuppe im Brot! *Mo geschl. | Porto de São Mateus | Tel. 2 95 64 23 92 | €€*

OS MOINHOS

Im urigen Gastraum der alten Wassermühle speisen Sie typische Inselgerichte wie *alcâtra*, aber auch frischen Fisch. *Di geschl. | Rua Arrabalde | São Sebastião | Tel. 2 95 90 45 08 | €€*

QB FOOD COURT

Stilvolle Location, niedrige Preise: In der *quinta* oberhalb von Angra finden Sie Snacks und Salate, Pizza und Hamburger. Mittags gibt's zwei schmackhafte Tagesgerichte. Edler speisen Sie im Restaurant im 1. OG. *Tgl. | Caminho do Meio de São Carlos 50 | Angra | Tel. 2 95 33 39 99 | www.facebook.com/qbangra | €*

EINKAUFEN

In den Markthallen von Angra und Praia erhalten Sie frisches Obst und Gemüse. In beiden Städten gibt es große *hipermercados* am Ortsrand. Traditionell gestickte Decken und Stoffe finden Sie bei *Açorbordados (Rua da Rocha 50 | Angra | www.acorbordados.com)*, leckeren Inselkäse in der Käserei *Queijo Vaquinha (Cinco Ribeiras | www.facebook.com/ queijovaquinha)*.

AM ABEND

INSIDER TIPP ▶ A MINHA CASA

In dem WG-ähnlichen Lokal hängt Vinyl an den Wänden, Bücher stehen im Regal, Sie dürfen sich wie zu Hause fühlen. Es gibt Kaffee, Drinks und leichte Gerichte. *Di geschl. | Rua Direita 80 | Angra | www. facebook.com/aminhacasaAH*

O PIRATA 🌿

Ein Pub, wie man ihn sich auf einer Insel wünscht: Piraten, gutes Bier, rockige Musik, dazu eine grandiose Aussicht über die Bucht. *Rua da Rocha 64 | Angra | www. facebook.com/Opiratarestaurantebar*

TRIPLEX URBAN BEACH CLUB

Hier wird getanzt, und zwar direkt am Stadtstrand von Angra. Regelmäßig Livemusik. *Edifício Corte Real | Angra | www. facebook.com/triplexurbanbeachclub*

ÜBERNACHTEN

POUSADA FORTE DE SÃO SEBASTIÃO 🌿

Hinter den wuchtigen Mauern der Festung aus dem 16. Jh. befindet sich die edle Pousada. Sie blicken aufs Meer und haben trotzdem nur 15 Minuten Fußweg ins Zentrum. *29 Zi. | Rua do Castelinho | Angra | Tel. 2 95 40 35 60 | short.travel/ azo11 | €€*

PRAIA MARINA

Zentraler geht's kaum: Sie schauen auf die Bucht von Praia und sind in zwei Minuten am Strand oder am Hauptplatz. *31 Zi. | Av. Beira Mar | Praia da Vitória | Tel. 295540055 | €€*

QUINTA DAS MERCÊS

Das luxuriöse Landgut aus dem 17. Jh. liegt in einem hübsch angelegten Garten direkt am Meer. Hier können Sie sich in edlem Ambiente verwöhnen lassen. *13 Zi. | Caminho de Baixo | São Mateus | Tel. 2 95 64 25 88 | www.quintadasmerces. com | €€€*

QUINTA DO MARTELO 🌿

Ferien auf dem Bauernhof! Das Landgut bietet Ihnen alles auf einmal: ein volkskundliches Freilichtmuseum, ein regionaltypisches Restaurant, in dem mit Biogemüse vom Hof gekocht wird – und urige Zimmer. *9 Zi. | Canada do Martelo | São Mateus | www.quintadomartelo.net | €€*

TERCEIRA MAR 🌿

Das geräumige Hotel am Stadtrand hat wohl den schönsten Pool der Azoren, außerdem genießen Sie von allen Zimmern aus eine wunderbare Aussicht auf den Monte Brasil. *139 Zi. | Portões de São Pedro 1 | Angra | Tel. 2 95 40 22 80 | www. bensaude.pt/terceiramarhotel | €€*

AUSKUNFT

POSTO DE TURISMO

Rua Direita 70/74 | Angra do Heroísmo | Tel. 2 95 40 48 10

FLORES & CORVO

Hier finden Sie sämtliche Superlative: Flores ist der westlichste Ort Europas und die grünste aller Azoreninseln. Es gibt die meisten Niederschläge und somit die schönsten Wasserfälle und Regenbögen. Und die häufigsten Flugausfälle – das Wetter ist so weit draußen im Atlantik einfach am unberechenbarsten. Corvo ist nicht nur die nördlichste und kleinste Insel des Archipels, sondern gleichzeitig die winzigste Stadt Portugals – ein surrealer Mikrokosmos.

Die Abgeschiedenheit der Inseln ist ohne Vergleich, selbst in Zeiten von Facebook und Flugzeugen leben die Menschen hier wie in einer anderen Welt. Entdeckt wurden Flores und Corvo 1452, doch die Besiedlung zog sich hin. Landwirtschaftliche Bemühungen scheiterten daran, dass die Anbauprodukte wegen der unzuverlässigen Schiffsverbindungen nicht verkauft werden konnten, viele Siedler zogen nach Brasilien weiter. Wer blieb, lebte in einfachsten Verhältnissen, erst der Walfang verbesserte im 19. Jh. ein bisschen die Bedingungen. Die Senioren erinnern sich noch, dass zu ihrer Kindheit nur der Pfarrer Schuhe trug. Heute freuen sich die Bewohner, dass sie nicht mehr nur von Subventionen abhängig sind. Seit Corvo 2007 und Flores 2009 zu Unesco-Biosphärenreservaten erklärt wurden, steigt die Nachfrage für sanften Naturtourismus stetig. Schnüren auch Sie die Wanderschuhe, stürzen Sie sich (angeseilt!) Wasserfälle hinunter und tauchen Sie ab – die klaren und fischreichen Gewässer vor Flores und Corvo sind einzigartige Tauchreviere.

Grün und abgelegen: die Westgruppe begegnet Ihnen mit atemberaubend schöner Natur, und Corvo ist ein einziger Naturpark

CORVO

(136 B–C 1–2) (*⌖ A1*) ⭐ **Corvo wird Ihnen Rätsel aufgeben. Wie kann man es nur mit so wenigen Menschen auf einer so kleinen Insel aushalten? Woher bekommen die 420 Menschen ihre Lebensmittel, ihre Möbel? Was tun sie hier? Corvo ist surreal, einfach nicht zu begreifen.**

Wenn Sie wie die meisten Besucher nur für einen Tag von Flores herüberkommen, einmal durch die kleinste „Stadt" Portugals spazieren, hoch zum Krater und wieder hinunter fahren, haben Sie zwar die ganze Insel – ein einziger großer Naturpark – gesehen, aber vermutlich reisen Sie kopfschüttelnd wieder ab. Nehmen Sie sich Zeit. Bleiben Sie zwei, drei Tage auf dem 17 km² kleinen Eiland. Kommen Sie an in diesem inzwischen energieautarken Mikrokosmos, reden Sie mit den von Einsamkeit und Gemeinschaftszwang geprägten Menschen! Es ist eine einzigartige Erfahrung.

SEHENSWERTES

CALDEIRÃO (136 B–C1) (📖 A1)

Wenn Sie auf Corvo die „Stadt" verlassen möchten, gibt es nur einen einzigen Weg: die 7 km lange Straße hinauf

Oft wolkenverhangen: der Blick über den Krater des Caldeirão

zum Zentralkrater. Leider führt sie oft nur in die Wolken, doch bei schönem Wetter haben Sie am 🌼 *Miradouro do Caldeirão* einen grandiosen Blick über den etwa 2 Mio. Jahre alten Einsturzkrater mit seiner reizvollen Seenlandschaft. Der Grat hat an seiner höchsten Stelle, dem *Morro dos Homens*, eine Höhe von 718 m, der See liegt 300 m tiefer. Über den wunderbaren **INSIDER TIPP** Wanderweg PR2 *(5 km | 2,5 Std.)* können Sie diese einsame, in allen Grüntönen schimmernde Landschaft erkunden und den See umrunden, stellen Sie sich aber auf matschige Wege ein.

VILA DO CORVO (136 B2) (📖 A1)

Das Wichtigste in der „Stadt" (auch Vila Nova genannt) war und ist der Hafen. Mit der Fähre von Flores kommen nicht nur Besucher, sondern auch Waren, sodass Sie einen Teil der Inselbevölkerung schon beim Anlegen der „Ariel" an der Mole versammelt sehen. Das gleiche Schauspiel können Sie auch beobachten, wenn ein paar Meter weiter die Flugzeuge landen.

In der winzigen Altstadt scheinen sich die alten Natursteinhäuser gegenseitig zu stützen, hier finden Sie auch die einschiffige *Igreja Nossa Senhora dos Milagres* aus dem 18. Jh. und am *Largo do Outeiro* 🌼 eine Heiliggeistkapelle. Im modernen Teil der Stadt dürfen Sie über die Infrastruktur staunen, es gibt eine moderne Mehrzweckhalle, zwei Banken, eine Post, eine Gesundheitsstation und neben der Grund- inzwischen sogar eine Sekundarschule. Eine tolle Aussicht über den Ort haben Sie vom 🌼 *Miradouro do Portão*.

Der Naturpark umfasst beinahe die gesamte Insel. Das Besucherzentrum des Parks, das *Centro de Interpretação Ambiental e Cultural (Mitte Juni–Mitte Sept. tgl. 10–13 u. 14–18, sonst Di–Sa 14–17.30 Uhr | Eintritt frei | Canada da Graciosa)*, ist in einem renovierten Natursteinhaus im Dorf untergebracht. Dort können Sie sich einen Film über Corvo als Biosphärenreservat anschauen und sich über die Vogelschutzprojekte informieren.

ESSEN & TRINKEN

O CALDEIRÃO 🌼

Dona Vitalia verwöhnt Sie neben dem Flughafen mit bodenständiger Hausmannskost und lecker zubereitetem Fisch. Genießen Sie außerdem den schönen Meer- und Floresblick! *Tgl. | Caminho dos Moinhos | Tel. 2 92 59 60 18 | €*

TRAINIERA
Direkt neben dem Hafen und somit an der Quelle für frischen Fisch. *So geschl. | Rua da Matriz | Tel. 2 92 59 60 88 | €*

QUEIJARIA DO CORVO
Hier können Sie den würzigen Inselkäse kaufen. *Caminho da Horta Funda*

STRAND

Eine tolle Sandstrandbucht *(Praia da Areia)* finden Sie am westlichen Ende der Landebahn.

AM ABEND

INSIDER TIPP ▶ **BBC CAFFÉ LOUNGE**
Über der zur freiwilligen Feuerwehr gehörenden *Bar dos Bombeiros* öffnet am Abend eine loungige Location. Hier wird gemeinsam Fußball geschaut, manchmal gibt es Livemusik, Karaoke und Themenpartys. *Tgl. | Av. Nova | www.facebook.com/bbccorvo*

ÜBERNACHTEN

COMODORO GUEST HOUSE ✪
Manuel, Rosa und ihre Tochter Kathy setzen in der größten Unterkunft der Insel auf Nachhaltigkeit und helfen Ihnen mit allem weiter, sei es bei Transportfragen oder wenn Sie wissen möchten, wie es sich auf Corvo so lebt … *17 Zi. | Caminho do Areeiro | Tel. 2 92 59 61 28 | www.facebook.com/ComodoroCorvo | €€*

THE PIRATES' NEST
In Anspielung an die von Piratenangriffen geprägte Inselgeschichte werden Sie in dieser familiären Unterkunft von Luís und seiner Familie als Pirat bezeichnet. *3 Zi. mit Gemeinschaftsbad | Estrada do Caldeirão | Tel. 9 63 73 19 53 | www.thepiratesnest.com | €*

SEHENSWERTES

POSTO DE TURISMO
Am Flughafen | Caminho dos Moinhos | Vila Nova do Corvo | Tel. 2 92 59 62 77

FLORES

(136 A–B 4–6) *(ⓜ A1–2)* **Auf Flores regnet es im Jahresdurchschnitt doppelt so viel wie auf Santa Maria, doch dafür erwarten Sie grüne und blühende Berg- und Küstenlandschaften, einsame Kraterseen und tief eingeschnittene Täler. Die beiden größeren Orte haben wenig Reiz, die abgelegenen Dörfer dafür umso mehr. Wundervolle Wanderwege führen Sie über alte Saumpfade von einem Dorf zum anderen oder sogar um die ganze Insel.**

Die knapp 3800 Einwohner sind genügsam: Für sie ist es ein Segen, dass ihre Kinder nicht mehr nach Faial zur Oberschule müssen. Sie waren auch damals dankbar, als die portugiesische Regierung 1951 in Lajes eine Marinefunkstation einrichtete, mit der ein bisschen Entwicklung und fremde Gesichter auf die Insel kamen. Noch aufregender war die Präsenz der Franzosen, die 1964 mit dem Bau einer

★ **Fajã Grande**
Europa verabschiedet sich mit einer sagenhaften, grünen Landschaft → S. 98

★ **Corvo**
Surreales Leben auf der kleinsten Insel des Archipels → S. 95

MARCO POLO HIGHLIGHTS

Fernmeldebasis bei Ponta Delgada begannen und bis zu ihrem Abzug 1993 mit Einrichtungen wie Krankenhaus, Wasserkraftwerk und neuen Straßen zur Inselentwicklung beitrugen. Die Menschen sind an die Einsamkeit gewöhnt und nehmen es hin, wenn wegen Stürmen mal wieder tagelang kein Flugzeug oder Schiff kommen kann. Umso glücklicher sind sie, wenn sich im Sommer zur legendären *Festa do Emigrante* die Insel füllt. Und wenn sie sehen, wie ihre Natur Besucher wie Sie begeistert.

SEHENSWERTES

FAJÃ GRANDE & NORDWESTEN
(136 A–B 4–5) (*⊞ A1*)

In ⭐ Fajã Grande (200 Ew.) werden Sie gern darauf hingewiesen, dass Sie sich am absoluten Westende Europas befinden. Es ist himmlisch idyllisch hier, vor allem bei den schon beinahe kitschigen Sonnenuntergängen. Baden Sie im alten Hafen oder in den *Piscinas Naturais*! Etwas nördlich können Sie einen tollen Wasserfall bestaunen, der aus 90 m Höhe den Badesee *Poço do Bacalhau* speist. Auch den Wasserfällen der *Ribeira do Ferreiro* sollten Sie einen Besuch abstatten: Sie ergießen sich in den Teich **INSIDERTIPP** *Poço da Alagoinha, in dem sie sich bei Sonnenschein spiegeln*. Die Westküste können Sie auf zwei wundervollen Wanderwegen in stetem Auf und Ab erkunden: Der PR1 *(12,4 km / ca. 4,5 Std.)* führt von *Ponta Delgada* zunächst zum Leuchtturm *Farol do Albarnaz* an der Nordwestspitze, dann geht es über einen alten Saumpfad nach Fajã Grande. Sollte kein Wanderwetter sein, können Sie die ☼ *Ponta do Albarnaz* auch mit dem Auto über *Ponta Delgada* (360 Ew.) erreichen. Der PR2 *(13,5 km / ca. 4 Std.)* startet in *Lajedo* (136 A6) (*⊞ A2*) und passiert die einsamen Bauerndörfer *Mosteiro* und *Fajãzinha*, bevor er in *Fajã Grande* endet.

LAGOAS IM HOCHLAND
(136 A–B5) (*⊞ A1–2*)

Sieben malerische Kraterseen, die sogenannten *Sete Lagoas*, finden Sie im zerfurchten Hochland. Besonders reizvoll ist die schmale Straße, die von der ER2 nach Süden zur *Lagoa da Lomba* und dann nach einem Knick weiter zur *Lagoa Rasa* und *Lagoa Funda* führt. Letztere speist sich durch einen Wasserfall, alle anderen sind auf Regenwasser angewiesen. Die vier Seen nördlich der ER2 können Sie von ☼ zwei *miradouros* aus bewundern, auch der erste Teil des Wanderwegs PR3 führt durch die – bei schönem Wetter – atemberaubende Seenlandschaft. Besonders beeindruckend ist die dunkle Farbe der 105 m tiefen

LOW BUDGET

Auf Flores und Corvo dürfen Sie gratis zelten. Es gibt extra fürs Campen ausgewiesene Stellen mit Sanitäranlagen. Die schönsten liegen im *Parque de Merendas, Lazer e Campismo* in *Ponta Delgada* im Norden von Flores. Auf Corvo können Sie westlich der Stadt, an der *Praia da Areia,* Ihr Zelt aufschlagen.

Airport-Cafés müssen nicht überteuert sein: Das freundliche ✪ *Flores Café & Wine (tgl. 8.30–17 Uhr)* im Flughafengebäude von Flores bietet leckere Snacks aus regionaler Produktion, die üppigen gegrillten Sandwiches kosten z.B. um die 5 Euro, der Nachtisch aus hausgemachtem Eis 3 Euro. Nicht nur Reisende wissen das zu schätzen – das Café ist inzwischen eines der beliebtesten in Santa Cruz.

Es wird Abend am westlichen Ende Europas: Fajã Grande

Lagoa Negra im Kontrast zur grün schimmernden *Lagoa Cumprida*. Der höchste Gipfel der Insel erhebt sich nördlich der Seen, zum 911 m hohen ☀ *Morro Alto* (136 A5) *(⌂ A1)* können Sie über einen holprigen Feldweg aufsteigen und sich die Insel von oben anschauen.

LAJEDO UND ROCHA DOS BORDÕES
(136 A6) *(⌂ A2)*

Der Südwesten der Insel verzaubert mit steilen Küstenhängen, blühenden Hecken und Weiden – kein Zweifel, woher Flores seinen Namen hat! Machen Sie von Lajedo (90 Ew.) einen Abstecher zur *Costa do Lajedo*, dem abgelegensten Ort der Insel, und genießen Sie dann die Panoramastraße Richtung Norden. Am ☀ *Miradouro Rocha dos Bordões* (136 A5) *(⌂ A1)* werden Sie die 28 m hohen Basaltsäulen im unteren Bereich eines gigantischen Felsklotzes in Erstaunen versetzen, sie gehören weltweit zu

den größten Formationen dieser Art. **INSIDER TIPP** Kommen Sie zum Sonnenuntergang, dann leuchten sie in einem einzigartig rötlichen Licht.

LAJES (136 B6) *(⌂ A1)*

In Lajes (620 Ew.) befindet sich der wichtigste Hafen der Insel und mit der *Praia da Calheta* auch ein kleiner Sandstrand, ansonsten wird Ihnen der Ort eher unschön erscheinen. Futuristisch ist das *Museu das Lajes (Mo–Fr 9–12.30 u. 13.30–16 Uhr | Eintritt frei | Av. dos Emigrantes 4)*, in dem es neben Bibliothek und Auditorium auch einen Saal für Ausstellungen gibt. Nicht versäumen sollten Sie einen Blick oder noch besser eine Wanderung *(PR4 | 4 km | 2 Std.)* hinunter zur abgelegenen Küstenebene **INSIDER TIPP** *Fajã de Lopo Vaz*, an deren Strand es auch im Sommer niemals eng wird. Zum ☀ *Miradouro da Fajã de Lopo Vaz* führt eine Stichstraße von der ER1 westlich von Lajes.

SANTA CRUZ (136 B5) (*□ A1*)

Wenn Sie auf Flores landen, haben Sie Santa Cruz (1700 Ew.) schon so gut wie gesehen. Der Hauptort liegt praktisch zwischen Meer und Landebahn, Sie könnten zu Fuß ins Zentrum spazieren. Dort finden Sie z. B. die Mitte des 19. Jhs. gebaute *Igreja Nossa Senhora da Conceição*, die in ihrem Inneren zur Abwechslung mal nicht barock, sondern klassizistisch dekoriert wurde. Frisch eröffnet hat das interaktive *Museu da Baleia (Mo–Fr 9–12.30 u. 14–16.30, So 14–16.30 Uhr | Eintritt 2,50 Euro)* in der ehemaligen Walfabrik *Fábrica do Boqueirão*. Im Außenbereich gibt es ein lebensgroßes Modell eines aufgeschnittenen Pottwals, an dem Sie sich einen Wal von innen anschauen können. Nebenan im *Naturparkzentrum (Sommer tgl. 10–13 u. 14–18, sonst Di–Sa 14–17.30 Uhr | Eintritt 2,50 Euro)* erhalten Sie Informationen zur Flora, Fauna und Geologie der Insel. Das virtuelle Aquarium zeigt Ihnen auf vielen Bildschirmen die spannende Unterwasserwelt. Etwas nördlich von Santa Cruz haben Sie sowohl in der reizenden Bucht *Baía de Alagoa* als auch im saftig grünen Forstpark *Reserva Florestal Luís Paulo Camacho* lauschige Picknickmöglichkeiten.

ESSEN & TRINKEN

CASA DO REI

Hier finden Sie köstliche Alternativen zur deftigen Azorenküche, die Schweizer Uwe und Sylke kochen kreativ und auch mal vegetarisch. *Nur abends, Winter Di geschl. | Fazenda das Lajes | Tel. 2 92 59 32 62 | www.restaurantcasadorei. com | €€*

JONAH'S

Über die viel zu niedrigen Tür steht noch *Costa Ocidental*, doch João, der neue Besitzer, bringt frischen Wind und innovativ zubereitete Gerichte in die alten Gemäuer.

Sanfter Tourismus: traditionell eingerichtetes Ferienhaus aus Lavastein in Aldeia da Cuada

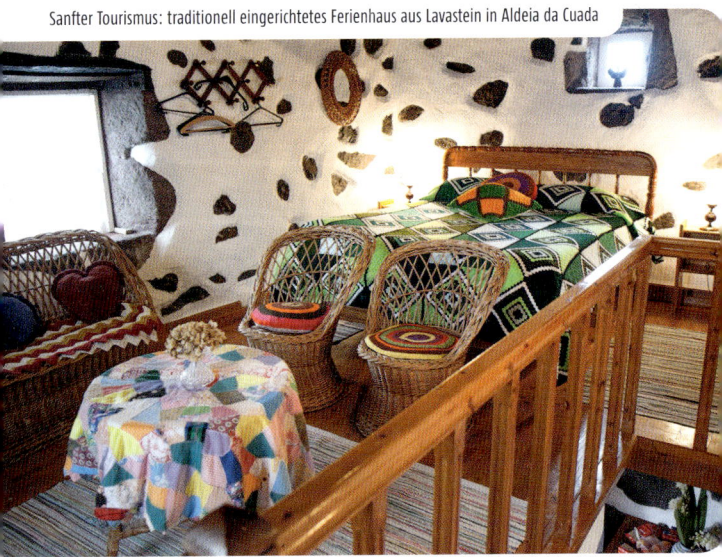

Tgl. | Rua Senador André de Freitas 20 | Fajã Grande | Tel. 2 92 55 20 43 | €€

MARESIA
Chilliges Restaurant mit Sonnenterrasse, Sofas und dem besten *polvo* (Oktopus) am Ende Europas. *Tgl. | Rua Via D'Água | Fajã Grande | Tel. 9 65 66 56 49 |* €€€

PÔR DO SOL
Das von Blumen gesäumte Steinhaus ist einer der besten Orte, um bei Sonnenuntergang romantisch zu speisen. *Mo geschl., Winter nur Sa/So geöffnet | Fajãzinha | Tel. 2 92 55 20 75 |* €€

EINKAUFEN

Einen Supermarkt *(Braga & Braga)* finden Sie im Industriegebiet *Boqueirão* in Santa Cruz. Statten Sie unbedingt Dona Ilda einen Besuch ab. Sie stellt in ihrer *Queijaria Artesanal (Pico Redondo | Fajãzinha | www.queijaria.fajazinha.com)* Frischkäse und gereiften Käse aus Milch ihrer eigenen Kühe her.

FREIZEIT & SPORT

Marco *(Tel. 9 68 26 62 06 | www.westcanyon.net)* gilt als Pionier des *Canyoning* auf den Azoren, in seinen Seilen können Sie sich sicher die Wasserfälle hinunterstürzen.
Flores ist dank seiner klaren Gewässer ein Paradies für Taucher. In Fajã Grande ist die Basis *Flores Dive Center (www.floresdivecenter.com)* angesiedelt, in Santa Cruz organisiert Carlos Mendes *(www.facebook.com/extremocidente)* Tauchausflüge.

ÜBERNACHTEN

A BARRAKA
Mit viel Liebe, Farbe und Naturmaterialien haben Camille und Marco ihre Gästezimmer hergerichtet. *2 Zi. mit Gemeinschaftsbad | Fazenda das Lajes | Tel. 9 25 92 68 08 | abarraka.com |* €

ALDEIA DA CUADA 🌱
Aus einer aufgegebenen Bauernsiedlung ist ein Vorzeigeprojekt des sanften Tourismus entstanden, wie Sie es sonst (noch) nirgendwo auf den Azoren finden. Die verlassene Siedlung wurde wiederbelebt und Arbeitsplätze wurden geschaffen, ohne die einzigartige Landschaft mit Hotelbauten zu verändern. Die 15 Natursteinhäuser verschiedener Größe sind gemütlich und traditionell eingerichtet. Im Sommer können Sie in der *Bar da Aldeia* frühstücken, ansonsten müssen Sie sich selbst versorgen. Gäste können kostenlos Fahrräder leihen. *Cuada | Tel. 2 92 59 00 40 | www.aldeiadacuada.com |* €€

ARGONAUTA
Die italienischen Tausendsassas Pierluigi und Stefano empfangen Sie im anheimelnden Gästehaus, das schon 300 Jahre auf dem Buckel hat. Sie kennen die Insel in- und auswendig und versorgen Sie gern mit Geheimtipps. *5 Zi. | Rua Senador Andre Freitas 5 | Fajã Grande | www.argonauta-flores.com |* €€

HOTEL DAS FLORES ✂
Wenn Sie im Hauptort wohnen möchten, ist das Inatel-Hotel am Ortsrand die beste Adresse. Sie haben Meer- und Corvoblick, einen Pool und eine Felsbadestelle unterhalb des Hotels. *26 Zi. | Zona do Boqueirão | Santa Cruz | Tel. 2 92 59 04 20 | www.inatel.pt |* €€€

AUSKUNFT

POSTO DE TURISMO
Am Flughafen | Rua Dr. Armas da Silveira | Santa Cruz | Tel. 2 92 59 23 69

ERLEBNISTOUREN

① SÃO MIGUEL PERFEKT IM ÜBERBLICK

START: ① Ponta Delgada
ZIEL: ① Ponta Delgada

2 Tage
reine Fahrzeit
7 Stunden

Strecke:
ca. 265 km

KOSTEN: Leihwagen ab 30 Euro/Tag, Benzin ca. 30 Euro, Eintritt ⑪ **Caldeira Velha** 2 Euro, Unterkunft in ⑮ **Furnas** ca. 70 Euro (DZ im Hotel Vale Verde), Eintritt **Poça da Dona Beija** 4 Euro
MITNEHMEN: Badesachen, Wasser, Sonnen-, Regen- und Windschutz

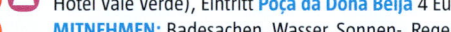

Die Höhepunkte São Miguels an zwei Tagen: Auf dieser Tour sehen Sie spektakuläre Kraterseen, genießen atemberaubende Ausblicke über raue Küsten und grüne Landschaften und spazieren durch ursprüngliche Dörfer und Städte.

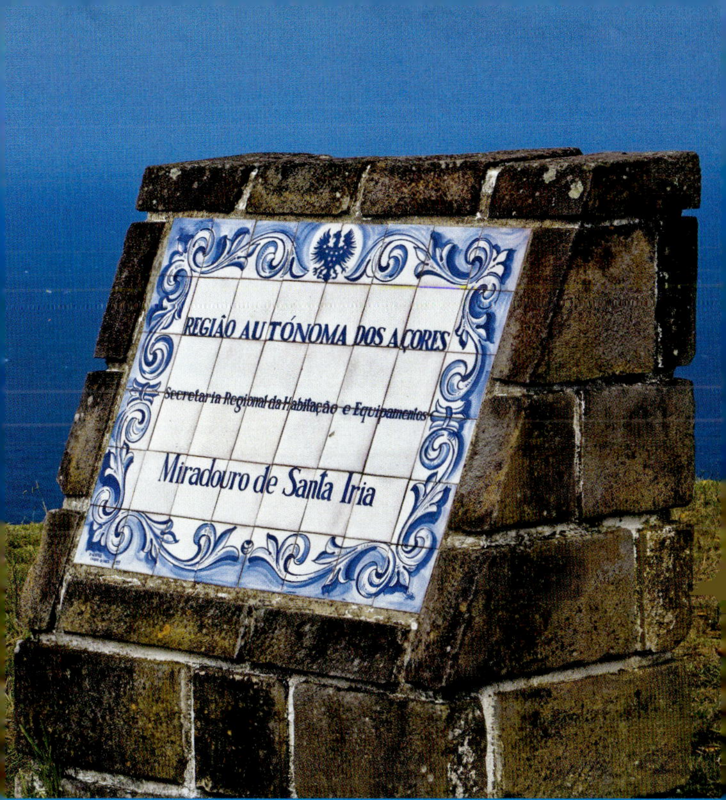

Jeder Zipfel dieser Erde hat seine eigene Schönheit. Wenn Sie Lust haben, die einzigartigen Besonderheiten dieser Region zu entdecken, wenn Sie tolle Tipps für lohnende Stopps, atemberaubende Orte, ausgewählte Restaurants oder typische Aktivitäten bekommen wollen, dann sind diese maßgeschneiderten Erlebnistouren genau das Richtige für Sie. Machen Sie sich auf den Weg und folgen Sie den Spuren der MARCO POLO Autoren – ganz bequem und mit der digitalen Routenführung, die Sie sich über den QR-Code auf S. 2/3 oder die URL in der Fußzeile zu jeder Tour downloaden können.

Nach dem Frühstück in der Inselhauptstadt ❶ **Ponta Delgada → S. 38 fahren Sie in westliche Richtung hinaus aus der Stadt. Es geht vorbei am Flughafen und zum küstennahen ❷ Miradouro do Caminho Novo → S. 46** – Ihr erster Stopp –, und **dann hinauf zum ❸ Miradouro Vista do Rei → S. 46**. Hier vom Kraterrand von Sete Cidades gibt es bei hoffentlich schönem Wetter eine sagenhafte Aussicht über den grünen und blauen See. Legen Sie unten im gleichnamigen Ort **❹ Sete Cidades → S. 46** noch eine Kaffeepause im **Esplanadencafé** neben der hübschen **Kirche**

TAG 1

❶ Ponta Delgada

— 6 km —

❷ Miradouro do Caminho Novo

— 14 km —

❸ Miradouro Vista do Rei

— 8 km —

❹ Sete Cidades

— 10 km —

O C E A N O   A T L Â N T I C O

Ilha de São Miguel

Ponta da Bretanha
Bretanha
Mosteiros
Ponta da Ferraria
Ginetes
Santo António
Candelária
Capelas
Feteiras
Fenais da Luz
Rabo de Peixe
Arrifes
Relva
Ribeira Grande
Ribeira Seca
Ponta Delgada
Lagoa
Água de Pau
Água do Alto
Lagoa do Fogo
Ponta do Cintrão
Porto Formoso
Maia
Lomba da Maia
Água de Alto
Vila Franca do Campo
Ponta Garça
Furnas
Povoação
Ribeira Quente
Ponta da Ajuda
Achada
Nordestinho
Ponta da Ribeira
Nordeste
Ponta do Arnel
Ponta da Madrugada
Água Retorta
Faial da Terra

8 km
4.96 mi

5 Ferraria
9 km

6 Mosteiros
22 km

7 Capelas
18,5 km

8 Praia de Santa Bárbara
2,5 km

9 Ribeira Grande
13,5 km

10 Lagoa do Fogo
5 km

11 Caldeira Velha
9 km

12 Miradouro de Santa Iria
4,5 km

13 Teefabrik Chá Porto Formoso
12 km

ein. Danach locken in **5 Ferraria → S. 44** ein heißes Meerbad und in **6 Mosteiros → S. 46** ein Spaziergang entlang der spektakulären, aber oftmals atlantisch rauen Felsküste. Im alten Walfängerort **7 Capelas → S. 44** lohnt sich ein Abstecher in die idyllische **Fischerbucht** und zum **Meeresschwimmbad**, danach geht es zur **8 Praia de Santa Bárbara → S. 48**. Wenn Sie am malerischen Sandstrand nicht schon wieder baden wollen: Schauen Sie den wagemutigen Wellenreitern zu!

Danach haben Sie sich ein Mittagessen verdient: Kehren Sie in **9 Ribeira Grande → S. 47**, der zweitgrößten Stadt der Insel, nach einem Spaziergang über den hübschen **Hauptplatz** mit den riesigen Eisenholzbäumen und über die **Ponte dos Oito Arcos** (achtbogige Brücke) im Buffetrestaurant **Já Agora** ein. Genug Kraft zum Weiterfahren getankt? Wieder im Auto ist nach rund 20 Minuten der Aussichtspunkt der **10 Lagoa do Fogo → S. 50** erreicht, wo Ihr Blick über den unberührten, oft karibisch blauen Kratersee schweift. **Auf dem Rückweg ein Stopp an der 11 Caldeira Velha → S. 49?** Der idyllisch in einem Tal gelegene Wasserfall speist ein von Baumfarnen gesäumtes Thermalbecken – ein kleines Naturparadies! **Wieder auf der inselumrundenden Straße EN1–1a, die ab Ribeira Grande zur Schnellstraße wird, gibt es am 12 Miradouro de Santa Iria → S. 50** atemberaubende Aussichten entlang der Nordküste. Nun ist es Zeit für die Tea Time: in der **13 Teefabrik Chá Porto Formoso → S. 51** können Sie den milden Broken Leaf Tea probieren und sich die fast schon musealen Maschinen erklären lassen. **Kurz hinter São Brás verlassen Sie die EN1–1a und biegen nach Furnas ab. Am**

14 Pico do Ferro → S. 34, direkt neben dem Golfplatz, haben Sie eine tolle Aussicht auf das Furnastal. In **15 Furnas → S. 32** können Sie im **3 Bicas Pub** auf einen Abendsnack einkehren. Und nun ist die Zeit zur Erholung von dem erlebnisreichen Tag gekommen. Dafür gibt es keinen besseren Ort als die heißen Becken der **Poça da Dona Beija**. Übernachten Sie z. B. im familiären **Vale Verde**.

Spazieren Sie vor dem Frühstück zu den nach Schwefel stinkenden und blubbernden **Caldeiras** in Furnas! **Verlassen Sie danach Furnas zunächst in Richtung Nordküste, nach ein paar Kilometern biegen Sie rechts in Richtung 16 Salto do Cavalo → S. 38** ab. Das ist der Name eines atemberaubenden Aussichtspunkts auf über 800 m Höhe, bei schönem Wetter haben Sie eine tolle Fernsicht. **Wieder an der Nordküste erwartet Sie bei Salga der 17 Miradouro do Salto da Farinha → S. 36. Über die Schnellstraße Richtung Osten sind Sie ruckzuck in 18 Nordeste → S. 36**, der einst so abgelegenen Kreisstadt am Ende der Insel. Nach einem Kaffee am **Dorfplatz** lohnt sich auf der Weiterfahrt ein Fotostopp am **19 Miradouro do Sossego**, dem mit viel Blumenliebe angelegten Aussichtspunktgarten an der Ostküste. Nun liegen viele Kurven vor Ihnen, hinter jeder Biegung gibt es neue Landschaftsblicke.

Sie erreichen **20 Povoação → S. 37**, die erste Siedlung der Insel. Die Cafés in der lauschigen **Altstadt** verkaufen die süßen *fofas* – ein optimaler Nachtisch mit Ihrem Mittagssnack. **Vorbei an Furnas erreichen Sie den romantischen See 21 Lagoa das Furnas → S. 33**. Hier blubbern und fauchen die Caldeiras und der *cozido* gart in der heißen Erde. Wie wäre es mit einem **Spaziergang durch 22 Vila Franca do Campo → S. 51**? Sie erwarten ein hübscher **Stadtgarten** an der **Kirche** und eine **Uferpromenade** bis zur lebhaften **Marina**. **Dann geht es über die Schnellstraße weiter Richtung Westen, bis Sie bei Água de Pau die Abzweigung nach 23 Caloura → S. 53 nehmen.** In dem lauschigen Fischerörtchen auf der Lavazunge gibt es die besten Drinks in der **Bar da Caloura**. Nächste Station ist **24 Lagoa → S. 45**, berühmt für seine **Keramikfabrik**. **São Roque**, ein Stadtteil Ponta Delgadas, besucht man wegen seiner **25 Stadtstrände**. In **26 Fajã de Baixo → S. 44** gibt es die meisten Ananasplantagen, bei **Arruda** können Sie bis 20 Uhr die Gewächshäuser besichtigen, Früchte kaufen oder Ananaslikör kosten. Zum Abendessen sind Sie zurück auf der Ausgehmole der Portas do Mar in **1 Ponta Delgada → S. 38**.

14 Pico do Ferro

5,5 km

15 Furnas

TAG 2

19,5 km

16 Salto do Cavalo

10 km

17 Miradouro do Salto da Farinha

18 km

18 Nordeste

5,5 km

19 Miradouro do Sossego

22,5 km

20 Povoação

14,5 km

21 Lagoa das Furnas

16,5 km

22 Vila Franca do Campo

11 km

23 Caloura

10 km

24 Lagoa

5,5 km

25 Stadtstrände

4,5 km

26 Fajã de Baixo

5 km

1 Ponta Delgada

2 DIE VULKANE FAIALS

START: ❶ Horta
ZIEL: ❶ Horta

9 Stunden
reine Gehzeit
7 Stunden

Strecke: mittel
⏱ **20 km** ▮▮▮ **Höhenmeter: 1000 m**

KOSTEN: Taxiservice ❶ **Horta**–❷ **Caldeira** 20 Euro, ❿ **Capelinhos**–❶ **Horta** 25 Euro, Eintritt **Besucherzentrum** ❿ **Capelinhos:** 10 Euro
MITNEHMEN: Wanderschuhe, evtl. Wanderstock, Wind-/Kälteschutz, Sonnenschutz, Wasser, Picknick, Fernglas, Badesachen

ACHTUNG: Taxistand ❶ **Horta**: *Tel. 2 92 39 15 00*
Wandern Sie bei gutem Wetter! Bei starkem Wind, Regen oder Nebel ist vor allem der Abschnitt im Bereich der Caldeira sehr ungemütlich. Der Weg (PR6) ist rot-gelb markiert, weitere Infos: *short.travel/azo1*

Wie an einer Kette reihen sich die Vulkane Faials aneinander. Erkunden Sie die unterschiedlichen Vulkanlandschaften bei dieser abwechslungsreichen Wanderung, auf der Sie bei klarer Sicht fast die ganze Insel zu sehen bekommen.

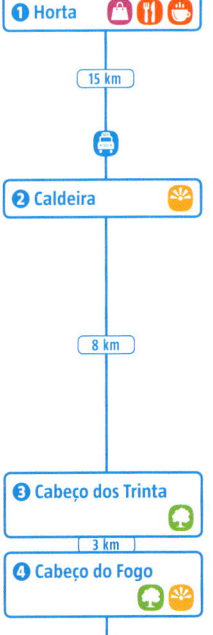

08:00 **Bevor Sie sich mit dem Taxi hinauf zur Caldeira fahren lassen, kaufen Sie in** ❶ **Horta → S. 65** in der Traditionsbäckerei **Padaria Popular** *(Filiale z. B. am Largo Bispo D. Alexandre)* frische Brötchen für Ihr Mittagspicknick. An der Theke können Sie, so wie es die Einheimischen zum Frühstück machen, noch einen kräftigen *café* trinken, und dann geht's los – auf in die Berge! **Starten Sie die Wanderung am kleinen Tunnel zum Aussichtspunkt der** ❷ **Caldeira → S. 64, es geht gegen den Uhrzeigersinn über den schmalen Kraterrand Richtung Norden.** Sie haben grandiose Ausblicke hinunter in den tiefgrünen Krater, über den Osten der Insel und hinüber zum Pico. **Nach 4 km über den von Hortensien gesäumten Pfad erreichen Sie eine Abzweigung nach Nordwesten. Nun geht es über 2 km in langen Serpentinen hinab.** Der Schotterweg führt Sie teilweise durch Sicheltannenwälder, bis Sie eine *levada* kreuzen, einen kleinen Wasserkanal. **Biegen Sie nach links ab.** Hier beginnt ein **INSIDER TIPP** besonders schönes Stück des Wegs: immer entlang der *levada*, über Holzbrücken und durch dichte Wälder. **Wenn Sie das Wasserreservoir erreicht haben, lohnt sich ein Abstecher in den kleinen, naturbelassenen Krater des** ❸ **Cabeço dos Trinta, bevor es über eine Asphaltstraße in Richtung** ❹ **Cabeço do Fogo geht. Nach der Besteigung dieses 571 m**

❶ Horta

15 km

❷ Caldeira

8 km

❸ Cabeço dos Trinta

3 km

❹ Cabeço do Fogo

hohen Vulkans bis auf den Gipfel führt der (ausgeschilderte) Feldweg weiter bis in den **⑤ Forstpark von Capelo**. Hier finden Sie einen schönen Picknickplatz mit Sanitäranlagen, ein optimaler Rastplatz für Ihre Mittagspause.

14:00 Weiter geht's auf den nächsten Vulkan: **Überqueren Sie die Landstraße und halten Sie sich weiter Richtung Westen, eine Stichstraße führt hinauf zum ⑥ Cabeço Verde**. Bald sehen Sie die Ausschilderung zur „Höhle" **⑦ Furna Ruim** – eher ein nichtzugängliches Loch am Kraterrand. Und schon geht es wieder hinauf: **Über einen Treppenpfad erklimmen Sie den ⑧ Cabeço do Canto**, von hier haben Sie bereits einen tollen Blick auf den Capelinhos-Vulkan. **Vorbei an einem ⑨ Walausguckhäuschen** *(vigía)* kommen Sie hinunter in das mondlandschaftsartige Gebiet von **⑩ Capelinhos → S. 64**, zum in Asche versunkenen alten **Leuchtturm** und zum 1957/58 entstandenen Vulkan. Im futuristischen **Besucherzentrum** erfahren Sie spannende Details zum Vulkanismus und zur Entstehung des neuen Leuchtturms. Erfrischungspause gefällig? Dann lassen Sie sich im angeschlossenen **Café** nieder.

17:00 Nehmen Sie unbedingt noch ein Bad am **⑪ Porto do Comprido**, dem alten Walfängerhafen! **Später bringt Sie das Taxi zurück nach ① Horta**.

2,5 km
⑤ Forstpark von Capelo

3,5 km
⑥ Cabeço Verde

1 km
⑦ Furna Ruim

1 km
⑧ Cabeço do Canto

1 km
⑨ Walausguckhäuschen

1 km
⑩ Capelinhos

1 km
⑪ Porto do Comprido

25 km

① Horta

2 km Durchmesser, 400 m tief: der beeindruckende Krater der Caldeira

2

O C E A N O

Baía da
Ribeira das Cabras

Cascalho — Cedros
Canto
Salão

Ponta dos
Capelinhos

9
8 **5** **4** Praia
do Norte
Norte
Pequeno

Ribeira
Funda

2-2

1-1

Ribeirinha

10
7 **6**
Capelo
Florestal
de Capelo
1-1
Ribeira
do Cabo

11

3
594
1048
Caldeira
Cabeço
Gordo

Rib. da Fonte Nova

Pedro Miguel

2
Chão Frio

Praia do
Almoxarife

Varadoura

Ribeira
do Cabo

1-2

A T L Â N T I C O

1-2

Flamengos
Granja
Portela
Santa
Catarina

Atafoneiro

1

Horta

Lombega

Ponta de
Castelo Branco

Castelo
Branco

Pasteleiro

Feteira

14
Monte
da Guia

Ilha do Faial

3

DEN WALEN AUF DER SPUR (PICO)

START: ❶ Madalena
ZIEL: ❶ Madalena

1 Tag
reine Fahrzeit
ca. 2 Stunden

Strecke:
🚌 **85 km**

KOSTEN: Leihwagen ab 30 Euro/Tag, Benzin ca. 10 Euro, Whalewatching-Tour ca. 60 Euro, Eintritte: **Museu dos Baleeiros** 2 Euro, **Centro
de Artes e de Ciências do Mar** 3 Euro, **Museu da Indústria Baleeira**
2 Euro
MITNEHMEN: Badesachen, Wasser, Sonnen- und Regenschutz,
Windschutz für die Whalewatching-Tour

**Auf Pico dreht sich alles um Wale – begeben Sie sich auf Spurensuche in den eins-
tigen Walfängerorten und in den heute als Museen genutzten Fabriken, erfahren
Sie interessante Details zum Leben der Pottwale und schauen Sie sich die sanften
Riesen des Meeres bei einer Whalewatching-Ausfahrt aus der Nähe an.**

❶ Madalena

09:00 Die Spurensuche startet am Morgen in ❶ **Madalena → S. 71**, dem größten Ort Picos. Der Fährhafen wurde mit viel Beton erweitert, doch nebenan sehen
Sie noch die schmale, von Lavafelsen gesäumte alte Ha-

fenbucht. Hier starten heute die Schlauchboote der Whalewatching-Veranstalter, die ihre „Baracken" direkt am Hafen haben. Sie möchten erst mal mehr über Wale erfahren? Das Wal- und Tintenfischmuseum **Museu de Cachalotes e Lulas** am Fußballstadion beherbergt die einzigartige, durch jahrzehntelange Forschung zusammengetragene Sammlung des verstorbenen englischen Meeresbiologen Malcolm Clarke zum Thema Pottwale *(cachalotes)* und ihre Beutetiere, die in der Tiefsee lebenden Riesenkalmare *(lulas)*. **Verlassen Sie Madalena** nach dem Museumsbesuch **Richtung Süden, jedoch noch nicht über die ER1, sondern parallel zur Küste, denn so kommen Sie, vorbei an mosaikartigen Weinfeldern, zum kleinen Fischerhafen Porto do Calhau. Hier biegt die schmale Küstenstraße links ab und Sie gelangen zur Hauptstraße ER1. Das hübsche Fischer- und Hirtendorf** ❷ INSIDER TIPP **São Mateus** liegt unterhalb des Pico-Südhangs. Einige der Pioniere des Walfangs stammten von hier. Tun Sie's den Einheimischen gleich und erfrischen Sie sich mit einem Bad in der **Hafenbucht**! **Im nächsten Ort, den Sie durchfahren, São Caetano**, wurden vom 18. Jh. bis Mitte der 1980er-Jahre viele Walfangboote gebaut, es war ein wichtiger Werftort. **Fahren Sie weiter Richtung Osten, bis Sie** ❸ **Lajes** → S. 71 **erreichen,** das Zentrum des Walfangs früher – im Hafen steht zum Gedenken an die Walfänger das **Monumento aos Baleeiros** – und das Zentrum des Waltourismus heute. Beim Besuch des **Museu dos Baleeiros** in den ehemaligen Bootsschuppen der Walfänger sehen Sie einen eindrucksvollen Dokumentarfilm über die Pottwaljagd vor 47 Jahren. In

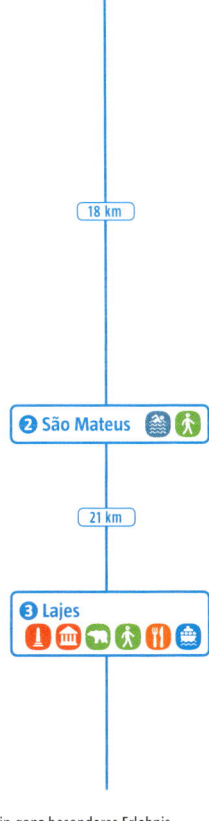

18 km

❷ São Mateus

21 km

❸ Lajes

Ein Wal aus nächster Nähe – für viele Azorenbesucher ein ganz besonderes Erlebnis

Ilha do Pico

Cachorro · Santa Luzia · Santana · Toledos · Madalena · Cabeço Chão · Bandeiras · Canto · Sete Cidades · Quinta das Rosas · Areie Larga · Santo António · Cais do Pico · São Roque do Pico · Valverde · Criação Velha · Paisagem da Cultura da Vinha · Redondo 848 · Ponta do Mistério · Monte 226 · Furna de Frei Matias · Casa da Montanha · 736 · Pico 2351 · Lagoa do Capitão · Sra da Piedade · 212 · Candelária · 631 · 1068 · 843 · Lagoa do Caiado · Campo Raso · Ribeira da Borda do M. · 182 · Caveiro 1008 · São Mateus · São Caetano · 182 · Terra do Pão · Cabeço do Fogo 478 · Alto do Saldio · Logoa Paúl · 1007 · Companhia de Ca. · São João · Silveira · Ribeira do Meio · Lajes do Pico

O C E A N O · A T L Â N T I C O

3 km / 1.86 mi

den Ausstellungsräumen gibt es Fanggerätschaften und Scrimshaw-Kunst: auf Walzähne und -knochen geritzte Gemälde. In der ehemaligen Sibil-Fabrik, wo die Wale verarbeitet wurden, erinnern noch alte Öfen an die Zeit, als hier der Walspeck ausgekocht wurde. Im Mittelpunkt stehen heute aber wechselnde Kunstausstellungen, denn hier residiert jetzt das Kunstzentrum **Centro de Artes e de Ciências do Mar**.

13:00 Kehren Sie zum Mittagessen am besten im netten Café **Whale'come ao Pico** *(tgl. 11–21 Uhr | Rua dos Baleeiros)* ein. Direkt nebenan im **Espaço Talassa** buchen Sie die Walbeobachtungsausfahrt. Nach einer ca. 30-minütigen Einführung geht's über die Straße und aufs Meer, bis Sie die Fluken mit Ihrer Linse eingefangen haben. Wo die Wale gerade sind, erfährt der Skipper vom *vigía*, der im Ausguckhäuschen ❹ **Vigía da Queimada** oberhalb von Lajes mit seinem Fernglas das Meer abscannt. **Zurück an Land lohnt sich ein Abstecher dorthin (Hauptstraße Richtung Osten, nach ca. 1 km Fußpfad nach rechts, ausgeschildert).** Vielleicht haben Sie Glück und der *vigia* lässt Sie hinaufsteigen und durchs Fernglas schauen. **Die EN2 führt durch das Hochland von Pico auf die Nordseite der Insel.** In ❺ **São Roque** → S. 73 steht ebenfalls ein **Walfängerdenkmal (Monumento ao Baleeiro)**, nebenan be-

2 km

❹ **Vigía da Queimada**

24,5 km

❺ **São Roque**

findet sich das **Museu da Indústria Baleeira** – die am besten erhaltene ehemalige Walverarbeitungsfabrik der Insel. **Schließlich geht es über die ER1 zurück nach ❶ Madalena → S. 71**. Jetzt ein Eis? In der **Holzhütte** am Hafen gibt es das leckerste Softeis der Azoren – entsprechend lang sind die Schlangen manchmal.

21 km

❶ Madalena

4

WANDERUNG ZU DEN FAJÃS IM NORDEN (SÃO JORGE)

START: ❶ Wanderparkplatz Serra do Topo **ZIEL:** ❼ Fajã dos Cubres	**5 Stunden** reine Gehzeit 3 Stunden
Strecke: mittel ➡ **10 km** 📊 **Höhenmeter: 800 m**	

KOSTEN: Taxiservice von Velas zum ❶ **Wanderparkplatz Serra do Topo** und ❼ **Fajã dos Cubres** nach Velas ca. 50 Euro, Eintritt **Centro de Interpretação da Fajã da Caldeira de Santo Cristo**: 2,50 Euro

MITNEHMEN: Wanderschuhe, evtl. Wanderstock, Wind-/Kälteschutz, Sonnenschutz, Wasser, Picknick, Fernglas, Badesachen

ACHTUNG: Taxi von Velas, z. B. José Melo: *Tel. 2 95 41 23 20, mobil 9 66 78 01 28*. Bei starkem Wind, Regen oder Nebel ist es vor allem im Bereich der Serra do Topo sehr ungemütlich. Verlegen Sie die Wanderung besser auf einen sonnigen Tag. Der Weg (PR1) ist rot-gelb markiert, weitere Infos: *short.travel/azo2*.

Die Wanderung vom Hochland Serra do Topo hinunter zu den Fajãs der Nordküste gehört zu den schönsten Strecken der Azoren: an Hortensienhecken, Kuhweiden, Wacholder, Baumheide und Heidelbeerbüschen entlang bis zum Meer, wo sich hinter Ihnen die steilen, grünen Wände der Nordseite erheben.

10:00 Los geht's auf fast 700 m Höhe am ❶ **Wanderparkplatz Serra do Topo**. Zunächst führt der Feldweg Richtung Norden ein paar Meter hinauf, Sie passieren die ersten Viehgatter, die Sie bitte immer schön hinter sich schließen. **Nach wenigen Minuten stehen Sie vor einer ❷ Hortensienhecke** mit (bei schönem Wetter) grandioser Aussicht über das riesige Tal Caldeira de Cima. **Nun geht es am rechten Talhang entlang über den alten Saumpfad bergab, immer den Markierungen folgend.** Der Weg dient vielen Menschen Anfang September als Wallfahrtsweg zu Ehren des Santo Cristo. **Nach etwas mehr als 3 km erreichen Sie eine steinerne Brücke, kurz**

❶ Wanderparkplatz Serra do Topo

350 m

❷ Hortensienhecke

3000 m

❸ Wasserfall

850 m

❹ Miradouro

500 m

❺ Fajã da Caldeira de Santo Cristo

danach führt ein steiler Pfad hinunter zu einem wunderschönen ❸ **INSIDERTIPP** **Wasserfall** *(cascata)*. Er speist einen kleinen See, in dem Sie ein erfrischendes Bad nehmen können.

12:00 **Zurück auf dem Hauptweg geht es nun weiter bergab**, inzwischen ist der Pfad durchgehend gepflastert, die Vegetation ist dichter. Plötzlich öffnet sich das Grün, Sie stehen an einem ❹ **Miradouro** mit grandioser Aussicht hinunter zur Fajã da Caldeira de Santo Cristo, entlang der grünen Nordküstenwände und bis zur Nachbarinsel Terceira. **Nach weiteren 20 Minuten Abstieg haben Sie die Siedlung ❺ Fajã da Caldeira de Santo Cristo → S. 78**

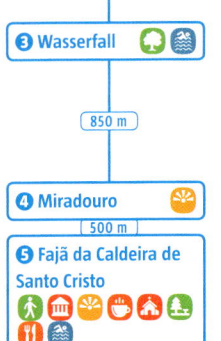

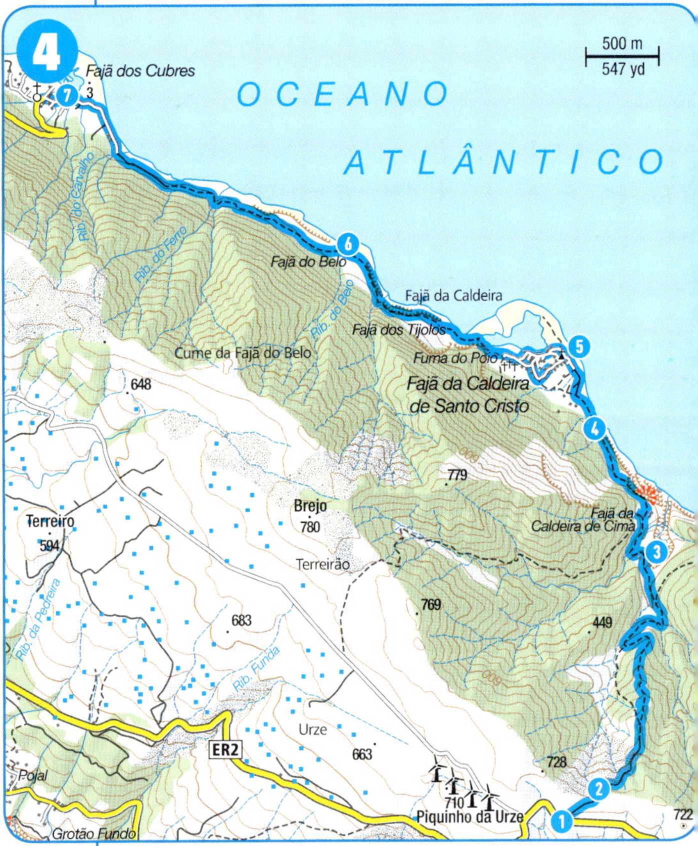

4

Fajã dos Cubres

O C E A N O

A T L Â N T I C O

500 m
547 yd

Fajã do Belo

❻

Fajã da Caldeira

Fajã dos Tijolos

Cume da Fajã do Belo

Furna do Polo

❺

Fajã da Caldeira
de Santo Cristo

648

❹

779

Brejo
780

Terreiro
594

Terreirão

Fajã da
Caldeira de Cima

❸

769

683

449

Rib. Funda

Urze

663

ER2

728

Pojal

710

Piquinho da Urze

❷

722

Grotão Fundo

❶

erreicht. Viele der rustikalen Natursteinhäuser, die nach dem Erdbeben 1980 verlassen wurden, werden heute als Wochenend- oder Ferienhäuschen wiederbelebt. **Gehen Sie zunächst am Damm entlang**, so haben Sie schöne Blicke aufs Meer, vielleicht sind auch Surfer auf der berühmten „Caldeira-Welle" beim Wellenreiten. An der Rückwand der **Kirche** – innen beeindruckt übrigens die Figur des Santo Cristo – haben Sie eine schöne Picknickgelegenheit, hier finden Sie auch öffentliche WCs. Noch einen Kaffee? Im **Restaurante O Borges** *(Jan.– Nov. tgl. | Tel. 9 18 65 06 13 | €€)* können Sie auf der Holzterrasse oder im urigen Gastraum mit den unzähligen Andenkenzetteln Platz nehmen. Zwischen Mitte August und Mitte Mai werden hier auch die köstlichen *amêijoas de São Jorge* (Venusmuscheln) serviert, die ausschließlich im Salzsee der *fajã* vorkommen. Wie die einzigartige Schwemmflächenlandschaft mit der Lagune entstanden ist und wie der Fund einer hölzernen Christusfigur durch einen Muschelsammler einst zur Gründung dieser abgelegenen Wallfahrtssiedlung geführt hat, erfahren Sie im kleinen Besucherzentrum **Centro de Interpretação da Fajã da Caldeira de Santo Cristo** *(10–13 u. 14–16 Uhr, Mitte Mai–Mitte Juni Sa/So, Mitte Juni–Mitte Sept. Mi–So, Mitte Sept.–Mitte Mai nur Sa | Eintritt 2,50 Euro | short.travel/azo3)*.

14:00 Nach einem Bad in der **Lagune** geht es gut erfrischt weiter, immer die Küste entlang Richtung Westen. **Auf Ihrem Weg liegt die verlassene Natursteinsiedlung** ❻ **Fajã do Belo**, ihre urigen, von der Natur zurückeroberten Gebäude lohnen einen kurzen Halt. **Nach etwa einer Stunde auf und ab über den auch von Quads befahrenen Pflasterpfad erreichen Sie die Ortschaft** ❼ **Fajã dos Cubres**. Genießen Sie in der **Snackbar Costa Norte** *(tgl. | Tel. 9 17 79 52 38)* neben der Kirche Nossa Senhora de Lourdes noch ein Bier, bevor Sie sich hier vom Taxi abholen lassen.

Das Ziel Ihrer Wanderung an der Nordküste: Fajã dos Cubres

SPORT & WELLNESS

Die einzigartigen Vulkanlandschaften der Inseln und die fischreichen, klaren Gewässer sind ein Paradies für Wanderer und Taucher – Sie finden aber auch noch andere Möglichkeiten, sich auf den Azoren zu bewegen.

Manche Adventure-Veranstalter bieten Ihnen vom Kajakfahren übers Mountainbiken und Canyoning fast alles an, was es an Aktivitäten in der Natur gibt. Andere sind spezialisiert auf bestimmte Sportarten wie Surfen oder Segeln. Wenn Sie einfach nur baden oder schwimmen möchten, finden Sie auf manchen Inseln schöne, schwarzsandige Strände, auf anderen wurden an zahlreichen Stellen Treppeneinstiege an den Lavafelsen geschaffen. Zusätzlich öffnen in vielen Gemeinden im Sommer Freibäder, teilweise

mit Meeresschwimmbecken. Für Sie sind klassische Wellnessangebote unverzichtbar? Dann kommt für Sie auf den Azoren nur ein Spa-Hotel in Furnas auf São Miguel in Frage. Vor allem hier finden Sie eine breite Auswahl an Anwendungen, Thermalbecken und Spa-Einrichtungen.

ANGELN & HOCHSEEFISCHEN

Sie wollten immer mal von einem traditionellen Fischerboot aus angeln? Mit Paulo und Bruno von *HáMar (50 Euro/4 Std. | Rua Francisco Machado Faria e Maia 1 | Porto Formoso | São Miguel | Tel. 919 78 32 08 | www.hamar-azores.com)* können Sie einen vier- oder achtstündigen Angeltrip an der Nordküste São Miguels unternehmen, ganz egal ob Sie

Wanderlustige und Outdoorabenteurer kommen voll auf ihre Kosten, und die Unterwasserwelt begeistert Schnorchler und Taucher

Laie oder Profi sind. Das Equipment wird Ihnen gestellt. Zum Hochseefischen empfiehlt sich der Veranstalter *Brasilia Fishing Charters (Marina de Horta | Faial | Tel. 9 66 78 31 01 | www.azores-fishing.com)*.

CANYONING

Mit Neoprenanzug, Helm und Gurtzeug seilen Sie sich nach entsprechendem Briefing Schluchten und Wasserfälle hinab – Adrenalin pur! Auf der wasserreichsten Insel Flores gehört das **INSIDER TIPP** ▶

Canyoning mit Marco von *West Canyon (Tel. 9 68 26 62 06 | www.westcanyon.pt)* praktisch zum Pflichtprogramm, es ist ein einmaliges Erlebnis! Marco ist ausgebildeter Sportlehrer, er gilt als einer der Pioniere des Canyoning auf den Azoren. In seinen Seilen können Sie sicher die Natur von eigentlich unzugänglichen Inselgebieten genießen. Auch auf São Jorge können Sie sich Wasserfälle hinunterstürzen, hier bietet *Aventour (ab 60 Euro bei mind. 2 Teilnehmern | Tel. 2 95 41 64 24 | www.aventour.pt)* Canyoning-Abenteuer an.

GOLF

Drei Golfplätze an ausgesprochen schönen Orten erfreuen Golfer: Auf São Miguel haben Sie die Wahl zwischen den Greens von Furnas und Batalha, auf Terceira befindet sich der 18-Loch-Golfplatz im Inselzentrum. Alle Infos zu den Anlagen finden Sie unter *www.azoresgolfislands.com*, Green Fees gibt es ab 60 Euro.

KLETTERN

Auf São Miguel finden Sportkletterer z. B. bei Remédios oder Ferraria gute Bedingungen. *Azores Adventure Island (Tel. 9 19 28 12 20 | www.azoresadventureislands.com | ab 45 Euro/½ Tag)* bietet Kletterausflüge dorthin an. Auf São Jorge können Sie mit den Jungs von *Aventour (Tel. 2 95 41 64 24 | www.aventour.pt)* klettern gehen.

MOUNTAINBIKING

Die hügeligen Inseln sind nichts für Anfänger! Wenn Sie auf São Miguel Mountainbikes für ausgedehnte Touren ausleihen möchten, ist der spezialisierte Bike-Laden *Carreiro (Rua do Mercado 17–19 | Ponta Delgada | Tel. 2 96 20 28 42 | www.carreiro.pt)* die beste Wahl.

REITEN

Die Natur der Inseln vom Pferderücken aus erkunden – ein Traum für Liebhaber der sensiblen Vierbeiner. Auf São Miguel können Sie auf dem Landgut *Quinta da Terça (Rua Padre Domingos | Livramento | Tel. 2 96 64 21 34 | www.quintadaterca.com | ab 35 Euro)* Ausritte oder einen Reiturlaub buchen, auf Terceira bietet die *Quinta do Galo (Fonte Faneca 70 | Terra Chã | Tel. 2 95 33 33 15 | www.quintadogalo.pt | ab 30 Euro)* Ausflüge zu Pferd.

SCHNORCHELN

In den klaren Gewässern der unzähligen Meeresschwimmbecken, wie z. B. in Velas (São Jorge) oder auch am Ilhéu von Vila Franca do Campo (São Miguel), können Sie wunderbar ● schnorcheln und Fische gucken. Bringen Sie Maske und Schnorchel mit, nicht überall kann diese Ausrüstung ausgeliehen werden.

SEGELN & BOOTSTOUREN

Die Azoren sind für alle Atlantiküberquerer Richtung Europa ein lang ersehnter Zwischenstopp. Sie sind erfahrener Segler und möchten ein bisschen Azorenluft schnuppern? Chartern Sie eine Yacht bei *Sailazores (Horta, Velas oder Ponta Delgada | Tel. 9 16 23 11 11 | www.sailazores.pt | ab 200 Euro/½ Tag Charter)*. Eine küstennahe Bootsfahrt mit Unterwasseraussicht können Sie z. B. mit dem Boot von *Seabottom Azores (Marina Ponta Delgada | São Miguel | Tel. 9 18 34 50 45 | www.seabottomazores.com | ab 10 Euro/Std.)* unternehmen: Sie sitzen bequem im Boot und schauen sich durch den gläsernen Boden die Fische und manchmal sogar Delfine an.

SURFEN & WELLENREITEN

Eine Auflistung aller Surfspots finden Sie unter *surf.visitazores.com*. An den meisten Stränden finden Sie jedoch weder Boardverleih noch eine Surfschule. Einzige Ausnahme: Das *Azores Surf Center (Praia de Santa Bárbara | São Miguel | Tel. 9 15 97 07 26 | azoressurfcenter.com)* verleiht Material und organisiert Kurse.

TAUCHEN

Die ● Tauchgründe vor den Azoren *(tauchen.visitazores.com)* sind vergleichsweise ruhig, bei einigen Hobbytauchern noch ein Geheimtipp, aber dass es bei den *Formigas* vor Santa Maria und beim Unterwasserberg *Princess-Alice-Bank* häufig Teufelsrochen und bei der *Condor-Bank* Blauhaie zu sehen gibt, hat sich in Fachkreisen schon herumgesprochen. Empfehlenswerte Tauchstationen leiten z. B. Joana und Tiago von *diveazores (Marina da Horta | Faial | Tel. 912 58 58 03 | diveazores.net)* und Steffen und Márcia

cken – Sie finden auf jeder Insel und an jeder Ecke hervorragend markierte Wanderpfade: *wanderwege.visitazores.com*

WELLNESS & YOGA

Sie suchen so richtig Tiefenentspannung und Wellness? Wunderschöne Thermalbäder mit zahlreichen Anwendungsangeboten finden Sie in Furnas und Ferraria auf São Miguel sowie in Carapacho

Die Azoren sind ein Paradies für Wanderer, überall finden sie tolle, gut markierte Wanderwege

von *Wahoo Diving (Estrada da Birmânia | Vila do Porto | Santa Maria | Tel. 9 63 65 88 31 | wahoo-diving.com)*.

WANDERN

Der Nummer-eins-Sport auf den Azoren ist eindeutig das Wandern. Seien es kurze Rundwege, lange Verbindungswege oder inselumrundende Mammutstre-

auf Graciosa. Darüber hinaus verfügen manche Hotels über Spa-Bereiche, wo Sie auch Massagen buchen können.

Wenn Sie im Urlaub auf der Suche nach einer Yogaeinheit sind, kontaktieren Sie doch Rimi oder Mandy *(www.yogaazores. org)*, die beiden arbeiten als Yogalehrerinnen auf São Miguel bzw. Santa Maria und können Ihnen sagen, wann und wo Sie mit ihnen praktizieren können.

MIT KINDERN UNTERWEGS

Auch wenn die Portugiesen generell äußerst kinderfreundlich sind – die Azoren sind für Familien mit Kleinkindern vielleicht nicht unbedingt das ideale Reiseziel.

Vor allem wer mit dem Kinderwagen unterwegs ist, wird die schmalen Bürgersteige in Ponta Delgada bald verfluchen. Der Atlantik ist oft unberechenbar, und nicht überall finden Sie Badeanlagen mit Babybecken. Sind Ihre Sprösslinge jedoch schon etwas älter und ebenso naturbegeistert wie ihre Eltern, haben sie bei Aktivitäten wie wandern, Wale beobachten, schnorcheln und in Felsenpools oder heißen Thermalquellen baden bestimmt genauso viel Spaß wie sie!

SÃO MIGUEL

Auf der Hauptinsel finden Sie mit Abstand die meisten Attraktionen für Kinder. Beginnen Sie doch mit einer Stadtrundfahrt der anderen Art: Elektronisch betriebene *Tuktuks (20 Euro/Std. für 2 Erw., 2 Kinder | Start: Uferstraße Av. Infante D. Henrique)* kutschieren Sie gemächlich durch Ponta Delgada.

Bewegung gefällig? im *Jardim António Borges* (s. S. 40) kann Ihr Nachwuchs nicht nur auf dem Spielplatz toben, sondern auch über die Wurzeln des riesigen Gummibaums klettern.

Erkunden Sie die Insel auf einer abenteuerlichen Jeepsafari: *Picos de Aventura (Av. João B. Mota Amaral | Ponta Delgada | Tel. 2 96 28 32 88 | www.picosdeaventura.com)* bietet z. B. Touren zum Kraterrand von Sete Cidades an. Oder Sie mieten bei *Eco-Atlântida (8 Euro/Std. | Rua Nova 45 | Sete Cidades | Tel. 2 96 29 51 77)* **INSIDER TIPP** Kajaks und paddeln über die Seen.

In Lagoa können die Kinder in *Naturschwimmbecken (2 Euro, Kinder 1,30 Euro | Sommer tgl. 9–19 Uhr)* planschen.

Zum Whalewatching und Schwimmen mit Delfinen empfiehlt sich *Terra Azul (80 Euro, Kinder 75 Euro | Marina de Vila Franca do Campo | Tel. 2 96 58 13 61 | www.azoreswhalewatch.com)*.

Auf einer Kutschfahrt durch den ländlichen Westen erfahren Sie, wie das Leben auf São Miguel vor 100 Jahren war, der Pferdehof *Quinta das Raiadas (½ Tag 40 Euro, Kinder 20 Euro | Estrada Regional 54 | Ginetes | www.quintadasraiadas. com)* organisiert auch Reitausflüge mit der ganzen Familie.

Ihre Kinder begeistern sich fürs Wandern? Der Wanderweg PR29 *(7,5 km | ca. 3 Std.)* bringt Sie von den *Caldeiras*

Wandern oder Wale beobachten, baden und schnorcheln – so kommen kleine Besucher der kinderfreundlichen Inseln auf ihre Kosten

de Ribeira Grande zum spektakulären Wasserfall *Salto do Cabrito*. Dort sehen Sie, wie die Wasserkraft genutzt wird.

SANTA MARIA

Die Sonneninsel ist im Sommer besonders gut zum Baden geeignet. Ihre Kinder können im flachen Wasser der von Rettungsschwimmern bewachten *Praia Formosa* planschen und den Sandstrand mit Burgen verzieren.

FAIAL, PICO & SÃO JORGE

Auf Faial und Pico gibt es die meisten Anbieter zur Walbeobachtung und zum Schnorcheln mit Delfinen. Besonders kinderfreundlich ist Pedro von *Azores Adventures (Delfinschwimmen 72 Euro | Marina da Horta | Faial | Tel. 2 92 39 19 42 | www. azoresexperiences.com)*.
Auf São Jorge finden Sie im verwunschenen Forstpark *Sete Fontes* (s. S. 78) einen Spielplatz mit Tiergehegen.

Bei *Aventour (Rua Nova 91 | Calheta | Tel. 2 95 41 64 24 | www.aventour.pt)* können Sie Canyoning, Seekajak oder Quad-Safaris auch als Familienprogramm buchen.

TERCEIRA & GRACIOSA

Einen Abenteuerspielplatz gibt es unterhalb des *Monte Brasil* in Angra, Tiergehege oben beim Picknickgelände. Auf dem Erlebnisbauernhof *Quinta do Galo (Fonte Faneca 75 | Terra Chã | Terceira | www. quintadogalo.pt)* können Ihre Sprösslinge auf Eseln reiten.

FLORES & CORVO

Auf den Inseln der Westgruppe finden Sie mit naturbegeisterten Kindern viel Spaß beim Wandern oder bei Bootsfahrten entlang der Küste. Carlos Mendes *(Tel. 9 18 39 01 89 | www.facebook.com/ extremocidente)* fährt Sie zu den Brandungshöhlen *Gruta dos Enxaréus* und *Gruta do Galo* oder nach Corvo.

EVENTS, FESTE & MEHR

Hat sich das kulturelle Leben noch vor ein paar Jahren fast ausschließlich auf Patronats- und Heiliggeistfeste beschränkt, so finden Sie heute in den Sommermonaten auf fast allen Inseln rauschende Stadtfeste mit kulturellem und sportlichem Programm, Fressbuden und Konzerten. Aktuelle Infos z. B. auf *www.visitazores.com/pt-pt/calendar*

FESTE & VERANSTALTUNGEN

FEBRUAR

Carnaval: Tanzbälle im Coliseu Micaelense in Ponta Delgada, Bühnenstücke auf Terceira, Umzüge auf allen Inseln. Nirgends wird so inbrünstig gefeiert wie auf Graciosa mit seiner „Nacht der Phantasien".

MÄRZ

INSIDER TIPP ▶ *Tremor:* Urbanes Musikfestival in Clubs, Kneipen und Co. Mitte März in Ponta Delgada: lokale und nationale Bands, Musiker und DJs bringen die Stadt zum Beben. *www.tremor-pdl.com*

APRIL

Peter Café Sport Mountain Bike Race: Bergiges Radrennen Ende April: 3 Inseln, 3 Tage, 300 km, über Pico, São Jorge und Faial. *petermtbrace.blogspot.com.br*

MAI

Festa do Senhor Santo Cristo: 5 Wochen nach Ostern wird in Ponta Delgada mit einer stundenlangen Prozession die wichtigste Jesusfigur der Azoren gefeiert. *www.santo-cristo.com*

Azores Trail Run: größter Ultratrail der Azoren (70 oder 48 km) Ende Mai auf Faial. *www.azorestrailrun.com*

JUNI

Rallye Açores: internationales Rennsportevent Anfang Juni auf São Miguel. *www.azoresrallye.com*

Sanjoaninas: Um den 24. Juni in Angra: Konzerte, Stierkämpfe, Sport, Umzug (Johannisnacht). *www.sanjoaninas.pt*

JULI

Red Bull Cliff Diving: Etappe der Klippensprung-Weltmeisterschaften Anfang Juli am Ilhéu von Vila Franca do Campo (São Miguel). *www.redbullcliffdiving.com*

Semana Cultural: In Velas (São Jorge) treten auf der Bühne am Meer in der ersten Juliwoche viele Musikbands auf.

Festa do Chicharro: Das Fischerörtchen Ribeira Quente (São Miguel) verwandelt sich zum „Fest der Bastardmakrele" am zweiten Juliwochenende in ein Festivalgelände. *www.facebook.com/festadochicharro*

Festa do Emigrante: Mitte Juli feiert die Insel Flores mit den Emigranten auf Heimaturlaub in Lajes ihr größtes Fest.
Festas da Madalena: Kirchweihfest von Madalena (Pico) um den 22. Juli. *www.facebook.com/festasdamadalena*

AUGUST

Cais Agosto: Musikfestival Anfang August in São Roque (Pico). *www.caisagosto.net*
Semana do Mar: „Woche des Meeres" in Horta (Faial) in der ersten Augustwoche: mit Konzerten, Segel- und Walfängerboot-Regatten. *www.semanadomar.net*
Festas da Praia: Stadtfeste von Praia da Vitória (Terceira)
Semana dos Baleeiros: Fest der Walfänger in Lajes (Pico) an der Uferstraße mit Buden, Bühnen und vielen Besuchern

OKTOBER

Angrajazz: Jazzfestival Anfang Okt. in Angra (Terceira). *www.angrajazz.com*

DEZEMBER

Fim do Ano: Zu Weihnachten werden die Städte mit farbenprächtiger Beleuchtung geschmückt, das Jahresende feiern Azorianer auf Bällen, in Theatern und Lokalen. Um Mitternacht veranstalten viele Gemeinden ein professionelles Feuerwerk.

FEIERTAGE

1. Jan.	*Ano Novo* (Neujahr)
30. März 2018, 19. April 2019,	
10. April 2020	*Sexta-feira Santa* (Karfreitag)
25. April	*Dia da Liberdade* (Tag der Nelkenrevolution)
1. Mai	*Dia do Trabalho* (Tag der Arbeit)
28. Mai 2018, 17. Juni 2019,	
8. Juni 2020	*Dia da Região Autónoma* (Regionalfeiertag)
31. Mai 2018, 20. Juni 2019,	
11. Juni 2020	*Corpo de Deus* (Fronleichnam)
10. Juni	*Dia de Camões*
15. Aug.	*Assunção* (Mariä Himmelfahrt)
5. Okt.	*Implantação da República* (Tag der Republik)
1. Nov.	*Dia de Todos os Santos* (Allerheiligen)
1. Dez.	*Restauração da Independência* (Tag der Unabhängigkeit)
8. Dez.	*Imaculada Conceição* (Mariä Empfängnis)
25. Dez.	*Natal* (Weihnachten)

LINKS, BLOGS, APPS & CO.

wanderwege.visitazores.com Alle markierten Wanderwege der Azoren sind hier übersichtlich aufgelistet und – sogar auf Deutsch – beschrieben, inklusive Wegkarten und GPS-Daten

www.marcopolo.de/azoren Alles auf einen Blick: interaktive Karten inklusive Planungsfunktion, Impressionen aus der Community, aktuelle News und Angebote …

www.azorenflora.de Die Onlineversion des gleichnamigen Pflanzenführers von Andreas Stieglitz. Hier finden Sie zahlreiche Informationen zur endemischen und eingeführten Flora der Azoren

forum.azoren-online.com Deutschsprachiges Forum von Azorenliebhabern, Interessierten und Residenten

www.azoren-online.com In diesem privaten Onlinereiseführer finden Sie umfangreiche Informationen zu sämtlichen Orten, Traditionen, Festen und vielen weiteren Themen. Verlinkt ist zudem die Nachrichtenseite news.azoren-online.com

www.somosacores.com Auf diesem portugiesischsprachigen Blog („Wir sind Azoren") sehen Sie viele ungewöhnliche Fotos und verlinkte Videos zu Traditionen, Kultur, Gastronomie und Orten auf den Azoren

www.azoren.at Informativer Onlinereiseführer mit vielen Bildern und ein paar netten Geschichten

www.azoren-blog.de In diesem Blog können Sie sich über Neuigkeiten auf den Azoren informieren, auch zu Aktivitäten wie Canyoning oder Segeln

waldspaziergang.org/category/azoren Im Blog der Madeira-Liebhaberin Berit finden Sie auch interessante Einträge zu den Azoren, inklusive einiger Wandertipps

Egal, ob für Ihre Reisevorbereitung oder vor Ort: Diese Adressen bereichern Ihren Urlaub. Da manche sehr lang sind, führt Sie der short.travel-Code direkt auf die beschriebenen Websites. Falls bei der Eingabe der Codes eine Fehlermeldung erscheint, könnte das an Ihren Einstellungen zum anonymen Surfen liegen

azoreswhales.blogspot.pt Die Whale-watching-Agentur *Futurismo* von São Miguel füttert ihren Blog mit aktuellen Bildern von den Wal- und Delfinsichtungen

www.spotazores.com Schauen Sie sich vor Ihren Tagesausflügen an, wie das Wetter auf der anderen Seite der Insel oder in den Bergen ist – die Live-Webcams zeigen Ihnen, wie es aussieht

VIDEOS

short.travel/azo4 ARD-Wetterfrosch Sven Plöger nimmt Sie mit zu den Orten, die Sie meist nur von der Wetterkarte kennen, und erklärt, was es z. B. mit dem Azorenhoch auf sich hat

short.travel/azo5 Familie Dittmers lebt seit vielen Jahren auf Pico und zeigt in ihrem Privatvideo „Zu Hause mitten im Atlantik", was die Insel über und unter Wasser zu bieten hat

short.travel/azo6 In der Phoenix-Doku „Wo Europa ins Meer fällt" berichtet Jörg Rheinländer über die raue Schönheit der Azoren. Wie so oft geht es vor allem ums Wetter

short.travel/azo7 Der Dokumentarfilm „Die Azoren – Paradies im ewigen Blau" aus der ARD-Reihe „Erlebnis Erde" beschäftigt sich mit der spannenden Tierwelt unter und über Wasser

VisitAzores Die Informationen des Tourismusbüros gibt es jetzt auch als App, inklusive aktueller Veranstaltungshinweise

APPS

Azores Mobile Reference Kartenmaterial, Informationen zu Geschichte, Geografie und Klima und Restauranttipps finden Sie auf dieser Android-App

AzoresApi Fahrpläne und Fahrtsimulationen der meisten Bus-, Fähr- und Fluggesellschaften

WalkMe Azores Trails 20 Wanderwege mit Karten und Beschreibungen sind in dieser iOS- und Android-App aufgelistet

PRAKTISCHE HINWEISE

Wenn Sie nicht gerade mit einem Segelboot auf dem Atlantik unterwegs sind, ist Fliegen die einzige Möglichkeit, auf die Azoren zu kommen. Von Deutschland aus sind Sie in etwa 4,5 Stunden da, sofern Sie einen Nonstopflug buchen. Die azorianische Fluggesellschaft *Azores Airlines* fliegt ganzjährig sonntags von Frankfurt nach Ponta Delgada, im Sommerhalbjahr gibt es donnerstags einen weiteren Flug von Frankfurt sowie freitags eine Verbindung von München. *Air Berlin* fliegt mittwochs von Düsseldorf nach Ponta Delgada, im Sommerhalbjahr werden zwei weitere Verbindungen nach São Miguel bzw. Terceira angeboten. Mit der *TAP Portugal* können Sie ganzjährig täglich mit Umstieg in Lissabon nach São Miguel, Terceira und Faial fliegen. So sind auch Gabelflüge möglich. Wenn Sie über Lissabon fliegen, können Sie sich für den Weiterflug nach Ponta Delgada auch für eine Low-Cost-Variante mit *Easyjet* oder *Ryanair* entscheiden. Wie auch immer Sie auf den Archipel fliegen, bei Weiterflügen auf andere Inseln sind Sie auf die Propellermaschinen der *SATA Air Açores* angewiesen. Seit der Liberalisierung des Luftraums 2015 gibt es (finanziert von der Regionalregierung) das sogenannte *encaminhamento*: Damit Touristen nicht nur São Miguel besuchen, bekommen sie, wenn sie innerhalb von 24 Stunden auf eine andere Insel weiterfliegen, die Kosten dafür erstattet. Beantragen können Sie dieses Angebot auf *encaminhamentos. sata.pt*. Bei innerazorischen Flügen zur Zentralgruppe nutzt man den Flughafen von Terceira, wer auf die Westgruppe möchte, landet auf Faial zwischen.

GRÜN & FAIR REISEN

Auf Reisen können auch Sie mit einfachen Mitteln viel bewirken. Behalten Sie nicht nur die CO_2-Bilanz für Hin- und Rückflug im Hinterkopf *(www.atmosfair.de)*, sondern achten und schützen Sie auch nachhaltig Natur und Kultur im Reiseland *(www. gate-tourismus.de; www.zukunft-reisen.de; www.ecotrans.de)*. Gerade als Tourist ist es wichtig, auf Aspekte zu achten wie Naturschutz *(www. nabu.de; www.wwf.de)*, regionale Produkte, Fahrradfahren (statt Autofahren), Wassersparen und vieles mehr. Wenn Sie mehr über ökologischen Tourismus erfahren wollen: europaweit *www.oete.de*; weltweit *www.germanwatch.org*

AUSKUNFT

TOURISMUSBEHÖRDE
www.visitazores.com | turismoacores@ visitazores.com
Touristeninformationen vor Ort finden Sie in den *Postos de Turismo* (s. Regionenkapitel).

AUTO

Wenn Sie mit dem Mietwagen unterwegs sind, müssen Sie beachten, dass die auf den Karten eingezeichneten Nebenstraßen auch schmale, ungeteerte Feldwege sein können, nicht selten passieren Kuhherden die Straßen. Die Verkehrsregeln entsprechen im Wesent-

Von Anreise bis Zoll

Urlaub von Anfang bis Ende: die wichtigsten Adressen und Informationen für Ihre Reise auf die Azoren

lichen denen in Mitteleuropa, auch auf den Azoren ist die Promillegrenze 0,5.

CAMPING

Auf allen Inseln finden Sie öffentliche Campinggelände, häufig ohne Nutzungsgebühr. Dort lässt der Zustand der Sanitäranlagen allerdings manchmal sehr zu wünschen übrig. Besser sind die offiziellen Campingplätze, die im Sommer öffnen. Besonders schön zelten Sie z. B. in Praia do Almoxarife auf Faial, auf Flores und Corvo können Sie hübsch gratis zelten (s. Low-Budget-Kasten S. 98). Beachten Sie, dass es nicht immer einfach ist, Campinggas zu bekommen und dass Sie dieses nicht im Flugzeug transportieren dürfen. In Ponta Delgada (São Miguel) bekommen Sie es z. B. bei Decathlon.

DIPLOMATISCHE VERTRETUNGEN

DEUTSCHES HONORARKONSULAT
João Luís Cogumbreiro | Abelheira de Cima 86 | Fajã de Baixo | Ponta Delgada | São Miguel | Tel. 9 18 79 26 33 | ponta-delgada@hk-diplo.de
Österreich und die Schweiz haben keine Vertretungen auf den Azoren, wenden Sie sich an die Botschaften in Lissabon:
BOTSCHAFT DER REPUBLIK ÖSTERREICH
Av. Infante Santo 43 | Lisboa | Tel. 2 13 94 39 99 | lissabon-ob@bmeia.gv.at | www.bmeia.gv.at/botschaft/lissabon. html
BOTSCHAFT DER SCHWEIZ:
Travessa do Jardim 17 | Lisboa | Tel. 2 13 94 40 90 | lis.vertretung@eda.admin. ch | www.eda.admin.ch/lisbon

EINREISE

Für EU-Bürger und Schweizer genügen Personalausweis oder Reisepass für die Einreise auf den Azoren.

FÄHREN

Die Fähren zwischen den Inseln verkehren im Jahresverlauf sehr unterschiedlich, manche stellen den Betrieb im Winterhalbjahr ganz ein, zu den jeweiligen Festen der Inseln im Sommer gibt es Zusatzfähren. Je nachdem, wann Sie also unterwegs sind, können Sie zum Inselhopping die Fähren nutzen und müssen nicht unbedingt fliegen. Besonders zwischen den Inseln des *triângulo* (Faial, Pico und São Jorge) können Sie sich gut mit der Fähre bewegen, sie sind ganzjährig unterwegs. Alle Verbindungen finden Sie unter *www.atlanticoline.pt*. Die Fahrt Faial–Pico dauert ca. 30 Minuten und

WAS KOSTET WIE VIEL?

Kaffee	**etwa 0,70 Euro**
	für einen Espresso
Gin Tonic	**etwa 3 Euro**
	für ein Glas
Lapas	**etwa 8 Euro**
	für eine Portion
Fähre	**3,60 Euro**
	für die Fahrt von Horta nach Madalena
Benzin	**etwa 1,30 Euro**
	für 1 l Normalbenzin
Schwimmbad	**1,50–2 Euro**
	Eintritt im Meeresschwimmbad

ist wenig schaukelig. Bei allen anderen Verbindungen sollten Sie eventuell Reisetabletten nutzen.

GELD & PREISE

Sie finden in allen größeren Ortschaften Geldautomaten *(multibanco)*, die Abhebesumme ist jedoch auf zweimal 200 Euro pro Tag begrenzt. Größere Hotels, Restaurants und Geschäfte akzeptieren EC- und Kreditkarten. Kleine Scheine und Münzen zu haben ist hilfreich, kleinere Lokale verfügen oft über wenig Wechselgeld. Das Preisniveau in der Gastronomie ist etwas niedriger als in Deutschland, Mietwagen- und Hotelpreise entsprechen ungefähr dem deutschen Niveau. Grundnahrungsmittel wie Brot sind günstiger, Kosmetik und Hygieneartikel teurer.

GESUNDHEIT

In Ponta Delgada (São Miguel), Angra (Terceira) und Horta (Faial) gibt es jeweils große öffentliche Krankenhäuser *(hospital)*, in denen Sie im Krankheitsfall nach Vorlage Ihrer Karte der gesetzlichen Krankenversicherung behandelt werden. Meistens muss nur eine Art Notaufnahmegebühr (10–20 Euro) bezahlt werden. Auf den kleineren Inseln finden Sie ärztliche Versorgung in den öffentlichen Gesundheitszentren *(Centro de Saúde)* bzw. beim Präsenzarzt *(Posto Médico)*, einem Arzt, der immer auf der Insel ist. Wer eine Auslandskrankenversicherung abgeschlossen hat, kann sich auch in privaten Kliniken behandeln lassen. Dort müssen Sie in Vorleistung gehen, und können sich die Kosten später zu Hause gegen Vorlage der möglichst detaillier-

BÜCHER & FILME

Die Vogelkundlerin – Im Frauenroman von Marlene Faro wird die schüchterne Ornithologin Rheingard bei einer Reise auf den Spuren des Azorengimpels bei Furnas in eine spannende Kriminalgeschichte verwickelt

Vulkanische Reise – Ralph Glöckler schreibt in dieser Doku-Fiktion von einem Geologieinteressierten, der auf die Azoren und nach Amerika reist, um alle Aspekte des Vulkanausbruchs von Capelinhos 1957/58 zu erkunden

Das Schweigen der Familie – Im von Ben Faridi geschriebenen „Azoren-Krimi mit Rezepten" führt ein Verbrechen auf der Insel Corvo den Kommissar von São Miguel auf die winzige Insel

Die Frau von Porto Pim – Der italienische Portugalfan Antonio Tabucchi widmete seine Titelgeschichte der schicksalhaften Liebe zwischen einem Walfänger und einer geflüchteten Jüdin in Horta zu Zeiten des Zweiten Weltkriegs. Eine weitere Kurzgeschichte handelt vom Dichter Antero de Quental, der sich 1891 in Ponta Delgada das Leben nahm

É na terra não é na lua – Es ist auf der Erde, nicht auf dem Mond. Der Dokumentarfilm (engl. untertitelt) von Gonçalo Tocha widmet sich der Insel Corvo, wo der Regisseur mehrere Monate verbrachte, bis er allmählich in die enge Inselgemeinschaft aufgenommen wurde. Entstanden ist ein beeindruckendes Zeitzeugnis der einzigartigen Insel

ten Rechnung erstatten lassen. Apotheken *(farmácias)* gibt es in allen größeren Orten, Sie erkennen sie am grünen Kreuz.

INTERNETZUGANG & WLAN

In den meisten Hotels und Cafés und auch auf vielen öffentlichen Plätzen haben Sie kostenlosen WLAN-Empfang.

KLIMA & REISEZEIT

Richtig kalt oder richtig heiß wird es nicht auf den Azoren, Winterstürme und häufige, unvorhersehbare Schauer gehören dazu – da hilft nur flexible Kleidung nach dem Zwiebelprinzip. Dank fehlender Partystrände und dem Ruf, eine Wetterküche zu sein, ist der Archipel bisher vom Massentourismus verschont geblieben, doch seit es Low-Cost-Flugverbindungen nach São Miguel gibt, füllt sich die Hauptinsel im Sommer zunehmend mit Touristen. Auf den kleineren Inseln geht es ruhiger zu, außer bei den Dorffesten und den Musikfestivals. Wenn Sie es wirklich einsam mögen, kommen Sie im Winter – nicht selten erwischen Sie prächtiges Wanderwetter, und in den heißen Thermalpools ist es dann viel angenehmer als im Sommer.

MEDIEN

In den Hotels können Sie in der Regel auch internationale TV-Sender wie Deutsche Welle empfangen. In Ponta Delgada bekommen Sie (mit einem Tag Verspätung) deutschsprachige Zeitungen.

MIETWAGEN

Abgesehen von Corvo gibt es auf allen Inseln Mietwagen. Da diese im Sommer stark nachgefragt sind, empfiehlt es sich, rechtzeitig vor Ihrer Reise zu reservie-

ren, z. B. über *www.billiger-mietwagen.de*. Einschließlich Vollkaskoversicherung und Steuern kosten sie bei unbegrenzter Kilometerzahl ca. 45 Euro pro Tag, bei mehrtägiger Miete weniger. Denken Sie an Ihren Führerschein, auch eine Kreditkarte muss vorgelegt werden. Zweitfahrer kosten extra (z. B. ca. 30 Euro/Vermietung oder 9 Euro/Tag).

MÜCKEN

In den Sommermonaten kann ein Mückenschutzmittel nicht schaden, in den Abendstunden können Ihnen schon mal Mücken begegnen.

NOTRUF

Ambulanz, Feuerwehr, Polizei: *Tel. 112* Sperrung von Bankkarten: *Tel. +49 116116 (sperr-notruf.de)*

ÖFFENTLICHE VERKEHRSMITTEL

Auf São Miguel und Terceira gibt es relativ viele Linienbusse, auf den anderen Inseln werden viele Ortschaften nur selten oder nur vom Schulbus bedient. Viele touristische Ziele erreichen Sie nur mit dem Mietwagen oder per Taxi.

ÖFFNUNGSZEITEN

Touristenbüros, kleine Geschäfte und öffentliche Einrichtungen haben in der Regel Mo–Fr 9–12.30 u. 13.30–18 Uhr geöffnet, Sa 9–13 Uhr, öffentliche Museen Di–So 10–17.30 Uhr. Bankzeiten sind meist Mo–Fr 9–15 Uhr. Große Supermärkte *(hipermercados)* und das Einkaufszentrum in Ponta Delgada schließen am Abend erst um 22 Uhr. Wenn nicht anders angegeben, sind die im Band aufgeführten Restaurants täglich 12–15 u. ab ca. 19 Uhr geöffnet (bis ca. 23 Uhr).

POST

Ein rot-weißes Schild mit Reiter und den Buchstaben CTT kennzeichnet die Poststationen *(correios)*. Briefkästen für normale Post sind rot, Expresspost *(correio azul)* kommt in die blauen Kästen. Briefmarken *(selos)* bekommen Sie auch am Automaten, an manchen Kiosken und Andenkenläden. Postkarten und Briefe bis 20 g kosten 0,75 Euro (ins europäische Ausland).

SICHERHEIT

Die Azoren sind ein sehr friedliches, sicheres Reiseziel, fernab aller Krisenherde. Auch vor Überfällen oder Taschendieben brauchen Sie hier keine Angst zu haben. Sie müssen sich allerdings bewusst machen, dass die Azoren immer wieder mal von Naturkatastrophen wie Erdbeben oder schweren Unwettern betroffen sind.

STRÄNDE

Alle größeren Badestrände und Felsenpools sind im Sommer mit Rettungsschwimmern besetzt. Sie warnen mit gelben oder roten Flaggen („Vorsicht!" bzw. „Badeverbot"), wenn das Baden wegen der Brandung oder wegen Quallen gefährlich ist. Bei grüner Flagge ist alles in Ordnung. Aufpassen müssen Sie im offenen Meer natürlich immer.

STROM

Adapter für Steckdosen sind nicht nötig. Das Stromnetz führt 220 Volt Wechselstrom.

WETTER AUF SÃO MIGUEL

	Jan.	Feb.	März	April	Mai	Juni	Juli	Aug.	Sept.	Okt.	Nov.	Dez.
Tagestemperaturen in °C	17	17	17	18	20	22	25	26	25	22	20	18
Nachttemperaturen in °C	12	11	12	12	13	15	17	18	17	16	14	12
Sonnenschein Stunden/Tag	3	4	4	5	6	6	7	7	6	5	4	3
Niederschlag Tage/Monat	14	12	14	10	9	7	4	6	9	12	13	14
Wassertemperaturen in °C	16	16	15	16	17	19	21	22	22	20	18	17

TAXI

In allen größeren Ortschaften gibt es Taxis, fragen Sie nach der *praça de taxi* (Taxistand) oder lassen Sie sich in einem Café eines rufen. In der Regel wird mit Taxameter gefahren, für manche (touristische) Ziele bei Überlandfahrten gibt es Festpreise, die Gebührenordnung wird mitgeführt. Gepäcktransport, Nacht- und Wochenendfahrten kosten Aufschlag. Generell ist Taxifahren auf den Azoren durchaus erschwinglich, eine Fahrt vom Hotel zum Flughafen Ponta Delgada (Einheitspreis) kostet beispielsweise 10 Euro.

TELEFON & HANDY

Ausländische Mobiltelefone funktionieren fast überall auf den Inseln, sie wählen sich automatisch in das portugiesische Netz (z. B. Vodafone, NOS oder MEO) ein, wobei allerdings Roaminggebühren anfallen. Bei längeren Aufenthalten lohnt sich der Kauf einer portugiesischen Prepaid-Karte (meist mit Startguthaben). Münztelefone sind selten geworden.

TOILETTEN

Öffentliche WCs *(sanitários)* finden Sie in der Regel an den Hauptplätzen und Marktgebäuden, in den Parks, an den Picknickplätzen oder den Badeanlagen. Auch in den meisten Cafés stört sich niemand daran, wenn Sie nur die Toilette besuchen. Beachten Sie, dass in vielen WCs darum gebeten wird, das benutzte Papier nicht hinunterzuspülen, sondern in den Mülleimer zu werfen.

UNTERKUNFT

Auf allen Inseln finden Sie Unterkünfte, allerdings sollten Sie im Voraus planen und reservieren, in der Hochsaison sind die nicht allzu großen Kapazitäten schnell erschöpft. Gehobene Hotels sind über Reiseveranstalter oft günstiger zu buchen. Einfache Pensionen (ab ca. 30 Euro/Nacht) nennen sich *pensão* oder *residencial*. Über www.azoren-reisen.net/ferienhaus.html oder airbnb.com bekommen Sie Kontakte zu Vermietern von Privatzimmern oder Ferienhäusern. Oft gibt es auch schöne Ferienwohnungen von deutschen Auswanderern. Besonders empfehlenswert sind die hübsch hergerichteten, häufig aus Naturstein gebauten Häuser des *Turismo Rural*: Auf der Seite des Verbands für ländlichen Tourismus *(www.casasacorianas.com)* finden sie eine Übersicht der Ferienhäuser *(ab ca. 50 Euro/Nacht)*.

WASSER

Das Leitungswasser ist hygienisch einwandfrei, schmeckt jedoch je nach Ort oder Insel manchmal leicht gechlort. Zum Zähneputzen ist es unbedenklich, Trinkwasser können Sie (auch als 5-l-Kanister erhältlich) im Supermarkt kaufen.

ZEIT

Auf dem Archipel gilt MEZ bzw. MESZ minus 2 Std., es ist also immer zwei Stunden früher als in Deutschland.

ZOLL

EU-Bürger können Waren zum persönlichen Gebrauch zollfrei ein- und ausführen. Gewisse Obergrenzen müssen Sie beachten, z. B. 800 Zigaretten, 10 l Spirituosen pro Person. Für Schweizer gelten 250 Zigaretten, 5 l Wein und 1 l Spirituosen sowie Souvenirs im Wert von maximal 300 CHF (175 Euro).

SPRACHFÜHRER PORTUGIESISCH

AUSSPRACHE

Zur Erleichterung der Aussprache sind alle portugiesischen Wörter mit einer einfachen Aussprache in eckigen Klammern versehen. ' vor einer Silbe bedeutet, dass die nachfolgende Silbe betont wird. Das L wird „dunkel" wie im Englischen, das sch in den meisten Fällen stimmhaft wie in „Genie" ausgesprochen.

AUF EINEN BLICK

ja/nein/vielleicht	sim [ßiing]/não [nau]/talvez [tal'wesch]
bitte	se faz favor [ß fasch fa'wor]
danke	obrigado (m)/obrigada (f) [obri'gadu/obri'gada]
Entschuldige!	Desculpa! [disch'kulpa]
Entschuldigen Sie!	Desculpe! [disch'kulp]
Darf ich ...?	Posso ...? ['poßu]
Wie bitte?	Como? ['komu]
Ich möchte ...	Queria ... [kö'ria]
Haben Sie ...?	Tem ...? [täi]
Wie viel kostet ...?	Quanto custa ...? ['kuantu 'kuschta]
Das gefällt mir (nicht).	(Não) Gosto disto. [(nau) 'goschtu 'dischtu]
gut/schlecht	bem [bäi]/mal [mal]
kaputt/funktioniert nicht	estragado [ischtra'gadu]/não funciona [nau fung'ziona]
zu viel/viel/wenig	demais [de'maisch]/muito ['muitu]/pouco ['poku]
alles/nichts	tudo ['tudu]/nada ['nada]
Hilfe!/Achtung!	Socorro! [ßu'korru]/Atenção! [atten'ßau]
Krankenwagen	ambulância [ambu'langßia]
Polizei/Feuerwehr	polícia [pu'lißia]/bombeiros [bom'bäirusch]
Verbot/verboten	interdição [interdi'ßau]/proibido [prui'bidu]

BEGRÜSSUNG & ABSCHIED

Gute(n) Morgen!/Tag!/Abend!/Nacht!	Bom dia! [bong 'dia]/Bom dia! [bong 'dia]/Boa tarde! ['boa 'tard]/Boa noite! ['boa 'noit]
Hallo!/Auf Wiedersehen!	Olá! [o'la]/Adeus! [a'döusch]
Tschüss!	Ciâo! [tschau]
Ich heiße ...	Chamo-me ... ['schamu-me]
Wie heißen Sie?	Como se chama? ['komu se 'schama]
Wie heißt Du?	Como te chamas? ['komu te 'schamas]
Ich komme aus Deutschland/Österreich/Schweiz.	Sou da Alemanhã/Austria/Suiça. [souh da allemanja/austria/suißa]

Falas português?

„Sprichst du Portugiesisch?" Dieser Sprachführer hilft Ihnen, die wichtigsten Wörter und Sätze auf Portugiesisch zu sagen

DATUMS- & ZEITANGABEN

Montag/Dienstag	segunda-feira [ße'gunda 'fäira]/terça-feira ['terßa 'fäira]
Mittwoch/Donnerstag	quarta-feira ['kwarta 'fäira]/quinta-feira ['kinta 'fäira]
Freitag/Samstag	sexta-feira ['ßeschta 'fäira]/sábado ['ßabadu]
Sonntag	domingo [du'mingu]
Werktag/Feiertag	dia útil [dia 'util]/feriado [feri'adu]
heute/morgen/gestern	hoje ['osche]/amanhã [amman'ja]/ontem ['ontäim]
Stunde/Minute	hora ['ora]/minuto [mi'nutu]
Tag/Nacht/Woche	dia [dia]/noite [noit]/semana [ße'mana]
Monat/Jahr	mês [mehsch]/ano ['anu]
Wie viel Uhr ist es?	Que horas são? [keh 'orasch ßau]
Es ist drei Uhr.	São três horas. [ßau tres 'orasch]
Es ist halb vier.	São três e meia. [ßau tres ih 'mäija]
Viertel vor vier/Viertel nach vier	um quarto para as quatro [ung 'kwartu 'para asch 'kuatru]/quatro e um quarto ['kuatru ih ung 'kwartu]

UNTERWEGS

offen/geschlossen	aberto [a'bärtu]/fechado [fe'schadu]
Eingang/Einfahrt	entrada [en'trada]/entrada [en'trada]
Ausgang/Ausfahrt	saída [ßa'ida]/saída [ßa'ida]
Abfahrt/Abflug/Ankunft	partida [par'tida]/partida [par'tida]/chegada [sche'gada]
Toiletten/Damen/Herren	sanitários [ßanni'tariusch]/senhoras [ßen'jorasch]/senhores [ßen'joresch]
(kein) Trinkwasser	água (não) potável ['agua (nau) po'tawel]
Wo ist ...?/Wo sind ...?	Onde é ...? ['onde eh]/Onde são ...? ['onde ßau]
links/rechts	à esquerda [ah isch'kerda]/à direita [ah di'räita]
geradeaus/zurück	em frente [äi 'frente]/para atrás ['parah'trasch]
nah/weit	perto ['pertu]/longe ['longschä]
Bus/Straßenbahn/Taxi	autocarro [auto'karru]/eléctrico [e'lletriku]/taxi ['taxi]
Haltestelle/Taxistand	paragem [pa'raschäi]/praça de taxis ['praßa de 'taxisch]
Parkplatz/Parkhaus	estacionamento [eschtassiona'mentu]/auto-silo ['auto 'ßilu]
Landkarte/Stadtplan	mapa ['mappa]/mapa da cidade ['mappa dah ßi'dad]
Bahnhof/Hafen/Flughafen	estação ferroviária [eschta'ßau ferrovi'ahria]/porto ['portu]/aeroporto [aähro'portu]
Fahrplan/Fahrschein	horário [o'rahriju]/bilhete [bil'jet]
einfach/hin und zurück	só ida [ßoh 'ihda]/ida e volta ['ihda ih 'wollta]
Zug/Gleis	comboio [kom'boju]/linha ['linja]

Ich möchte ... mieten.	Gostaria de alugar ... [goschta'ria dö allu'gar]
ein Auto/ein Fahrrad/ein Boot	um carro [ung 'karru]/uma bicicleta [uma bißi'kletta]/um barco [ung 'barku]
Tankstelle/Benzin/Diesel	bomba de gasolina ['bomba dö gaso'lina]/petróleo [pe'trohleo]/gasóleo [ga'sohleo]
Panne/Werkstatt	avaria [awa'riah]/garagem [ga'rahschäing]

ESSEN & TRINKEN

Die Speisekarte, bitte.	A ementa, se faz favor. [ah ih'menta, ß fasch fa'wor]
Flasche/Glas	garrafa [gar'raffa]/copo ['koppu]
Messer/Gabel/Löffel	faca ['faka]/garfo ['garfu]/colher [kul'jer]
Salz/Pfeffer/Zucker	sal [ßall]/pimenta [pi'menta]/açúcar [a'ßuhkar]
Essig/Öl	vinagre [wi'nahgre]/azeite [a'säite]
Milch/Sahne/Zitrone	leite ['läite]/natas ['nahtasch]/limão [li'mau]
mit/ohne Eis/Kohlensäure	com [kong]/sem [ßäing] gelo ['schelu]/gás [gasch]
Vegetarier(in)/Allergie	vegetariano/-a [weschetari'anu/-a]/alergia [aller'schia]
Ich möchte zahlen, bitte.	A conta, se faz favor. [ah 'konta, ß fasch fa'wor]

EINKAUFEN

Apotheke/Drogerie	farmácia [far'mahßia]/drogaria [droga'ria]
Bäckerei/Markt	padaria [pada'ria]/mercado [mer'kadu]
Einkaufszentrum	centro comercial ['ßentru kommer'ßial]
100 Gramm/1 Kilo	cem gramas [ßäim 'grammasch]/um quilo [ung 'kilu]
teuer/billig/Preis	caro ['karu]/barato [ba'ratu]/preço ['preßu]
mehr/weniger	mais [maisch]/menos ['menusch]
aus biologischem Anbau	biológico [biu'loschiku]

ÜBERNACHTEN

Haben Sie noch ...?	Ainda tem ...? [a'inda täi]
ein Einzelzimmer	um quarto individual [ung 'kwartu individu'al]
ein Doppelzimmer	um quarto de casal [ung 'kwartu dö ka'sal]
Frühstück/Halbpension/ Vollpension	pequeno-almoço [pe'kehnu al'moßu]/meia pensão ['mäija pen'ßau]/pensão completa [pen'ßau kom'pleta]
Dusche/Bad	ducha [duscha]/banho ['banju]
Gepäck/Koffer/Tasche	bagagem [ba'gahschäi]/mala ['mala]/saco ['ßaku]

BANKEN & GELD

Bank/Geldautomat	banco ['banku]/multibanco ['multibanku]
bar/mit Kreditkarte	em dinheiro [äi din'jäiro]/com cartão de crédito [kong kar'tau dö 'krehditu]
Banknote/Münze/ Wechselgeld	nota ['notah]/moeda [mo'ehda]/troco ['troku]

GESUNDHEIT

Arzt/Zahnarzt/Kinderarzt	médico ['mehdiku]/dentista [den'tischta]/pediatra [pedi'atra]
Krankenhaus/Notfallpraxis	hospital [oschpi'tal]/urgências [ur'schenßiasch]
Fieber/Schmerzen	febre ['fehbre]/dores ['dohresch]
Durchfall/Übelkeit	diarreia [diar'räia]/enjoo [äi'schoh]
Sonnenbrand	queimadura [käimah'dura]
(Schmerz-)Tablette	comprimido (para as dores) [kompri'midu ('parah asch 'dohresch)]

TELEKOMMUNIKATION & MEDIEN

Briefmarke/Brief/Postkarte	selo ['ßelu]/carta ['karta]/postal [posch'tal]
Ich brauche eine Telefonkarte fürs Festnetz.	Preciso dum cartão telefónico para a rede fixa. [pre'ßißu dung kar'tau tele'foniku 'pahra ah red 'fixa]
Ich suche eine Prepaidkarte für mein Handy.	Procuro um cartão SIM para o meu telemóvel. [pro'kuhru ung kar'tau ßim 'pahra uh mäu tele'mowel]
Wo finde ich einen Internetzugang?	Onde há acesso à internet? ['onde ah a'ßeßu ah 'internet]
wählen/Verbindung/besetzt	marcar o número [mar'kar uh 'numero]/ligação [liga'ßau]/ocupado [oku'padu]
Computer/Batterie/Akku	computador [komputa'dor]/pilha ['pilja]/bateria [bate'ria]
E-Mail/At-Zeichen/WLAN	e-mail ['ih mäil]/arroba [ar'rohba]/wireless ['weierless]

FREIZEIT, SPORT & STRAND

Strand	praia ['praja]
Sonnenschirm/Liegestuhl	guarda-sol [guarda 'ßol]/espreguiçadeira [eschpregißa'däira]
Fhbe/Flut/Strömung	maré baixa [ma'reh 'baischa]/maré alta [ma'reh alta]/corrente [kor'rente]

ZAHLEN

0	zero ['säru]		9	nove ['noww]
1	um, uma ['ung, 'uma]		10	dez ['däsch]
2	dois, duas ['doisch, 'duasch]		20	vinte ['wingt]
3	três [tresch]		21	vinte e um ['wingti 'ung]
4	quatro ['kuatru]		100	cem ['ßäi]
5	cinco ['ßinku]		200	duzentos [du'sentus]
6	seis ['ßäisch]		1000	mil [mil]
7	sete ['ßät]		1/2	um meio [ung 'mäju]
8	oito ['oitu]		1/4	um quarto [ung 'kwartu]

REISEATLAS

Verlauf der Erlebnistour „Perfekt im Überblick"
Verlauf der Erlebnistouren

Der Gesamtverlauf aller Touren ist auch in der herausnehmbaren Faltkarte eingetragen

Unterwegs auf den Azoren

Die Seiteneinteilung für den Reiseatlas finden Sie
auf dem hinteren Umschlag dieses Reiseführers

A B C

1

Ilha do Corvo ⭐ 14
Ponta Torrais
Caldeirão
413
718
Morro 6
d. Homans
Vila Nova 163
de Corvo

2 O C E A N O

3 A T L Â N T I C O

4
Ilhéu da Gadelha
Ponta
Delgada
Grutas
Ilha das Flores
623 *15* 1-2 436
Cedro

5
Ponta
Morro Alto
914
Fajã Grande ⭐ 15
6 263
*Fazenda de
S. Cruz* 6
Santa Cruz
das Flores
Fajãzinha
Rib. Grande
2-2
5 849
3
768
675
Caveira
*Lagoa
Funda*
*Ponta da
Caveira*
Mosteiro
13
*Rocha
dos Bordões*
Lomba
10 1-2
*Fazenda
das Lajes*
Lajedo
684
Lajes das Flores

Praia da Vitória (Terceira
Velhas (São Jorg
São Roque do Pic

6

3 km
1.86 mi

Ilha Graciosa

OCEANO ATLÂNTICO

Ponta da Barca
Santa Cruz da Graciosa
153
Vitória
Igreja da Senhora della Ajuda
Fontes
Guadalupe
375
Ribeirinha
Pico Timão 398
Ilhéu da Praia
Praia
Fonte do Mato
Caldeira
137 Furna do Enxofre
Luz 11
Carapacho
Ilhéu de Baixo

Praia da Vitória (Terceira)
Ponta Delgada (São Miguel)
Horta (Faial), São Roque do Pico, Velas (São Jorge)

3 km
1.86 mi

Ilha Terceira

Lajes das Flores
Praia (Graciosa)

OCEANO ATLÂNTICO

Ponta do Queimado
Altares 153
Raminho
Biscoitos
Quatro Ribeiras 1-1
Vila Nova
Ilhéu do Norte
1-1
11
Serreta 33
Caldeira 836
Santa Bárbara 1021
Doze Ribeiras
215
Santa Bárbara
Nossa Senhora do Pilar
São Bartolomeu de Regatos
São Mateus
Agualva
São Bras
Lajes
Aeroporto das Lajes
Santa Rita
Furnas do Enxofre
Algar do Carvão
13
Pico Gordo
638
Pico da Bragança
632
Serra do Morião 17
482
3-1
Terra Chã
2-1
23
Fontinhas
Camara Municipal
Casa da Ribeira 545
Fonte do Bastardo
150
Porto Martins
1-1
1-2
Praia da Vito
Cabo da Praia
Porto Santo
Catedral Sé
Ribeirinha
Feteira
24
Ribeira do Testo
Ribeira Seca
Porto Judeu
São Sebastião
Castelo de São Baptista 205
Monte Brasil
12
Angra do Heroismo
São Bento
48
Ponta das Contendas
Ilhéus das Cabras
Ilhéu dos Fradinhos
Calheta (São Jorge), Velas (São Jorge), São Roque do Pico, Horta (Faial)
Velas (São Jorge), Horta (Faial), São Roque do Pico

Ilha do Faial

A B Lajes das Flores C

O C E A N O

Baía da
Ribeira das Cabras

Cascalho
Cedros
Canto
Salão

Norte
Pequeno
Ribeira
Funda
Ponta dos
Capelinhos
Praia
do Norte
Florestal
de Capelo
Ribeira
do Cabo
Caldeira
Cabeço
Gordo
Varadoura
Capelo

2-2
25
1-1
Ribeirinha
594
1043
Rio da Fonte Nova
Pedro Miguel
Chão Frio
Flamengos
Granja
Portela
Santa
Catarina
Feteira
Atalhoeiro
Praia
do Almoxar
Lombega
Ponta de
Castelo Branco
Castelo
Branco
Pastaleiro
Horta
Monte
da Guia
Canal

A T L Â N T I C O

3 km
1.86 mi

138

Ilha do Pico

O C E A N O

Ilha de São

A
B
C

1

Praia (Graciosa)

Ponta
dos Rosais

303
7
Sete
Fontes
1-2

Fajã do
João Dias

277

Rosais

Figueiras

Beira

Baía do
Entre Moros
Velas
Morro
Grande
161

Santo Amaro
Queimada

602
Toledo
882

12

13

Norte
Grande

Santo
António

Pico das
Caldeirinhas

Fajã
Ou

4

Lajes das Flores

2

Horta (Faial)

Fajã
de Santo Amaro

Ribeira
do Nabo
3-2
354

Urzelina

1052

Pico da
Esperança

13

Terreiros

Igreja da
Santa Bárbara

Manadas

1-2

3

Fajã Gr

C a n a l   d e   S ã o   J o r g e

Lajes das Flores

Horta (Faial)

io
s do Pico

São Roque
do Pico

Ponta
do Misterio

Baía de Canas

12

Srada Piedade

212

Prainha

Ilha do Pico

Lagoa
do Capitão

843

Caib do Soldao

Lagoa
do Caiado

Santo Amaro

1-2

6

Ribeirinha

8

Calh

5

2-2

Caveiro
1008

1076

Logoa
Paul

Logoa
da Rosada
867

811

434

Pied

Cabeço do Fogo
478

São João

Silveira

1007

Ribeira
do Meio

Lajes
do Pico

Santa Bárbara

Arrife Terras

3

Ribeiras

1-2

8

48
4

Fetais

Calheta
de Nesquim

6

3 km
1.86 mi

ge

eira
reia

Norte Pequeno

Fajã dos Cubres

·618

6

Rib. Seca

os

Calheta

Ribeira
Seca

Fajã dos Vimes

10

4

Fajã da Caldeira
de Santo Cristo

Fajã Entre
Ribeiras

2-2

942

Rib. de São Tomé

22

Barreiras

·661

Fajã de São João

São Tomé

Santo
Antão

4

193

Ilhéu do Topo

Topo

Angro do Heroismo (Terceira)

Praia da Vitoria (Terceira)

Ponta Delgada (São Miguel)

A T L Â N T I C O

has

da Ilha

Ponta Delgada (São Miguel)

1
2
3
4
5
6

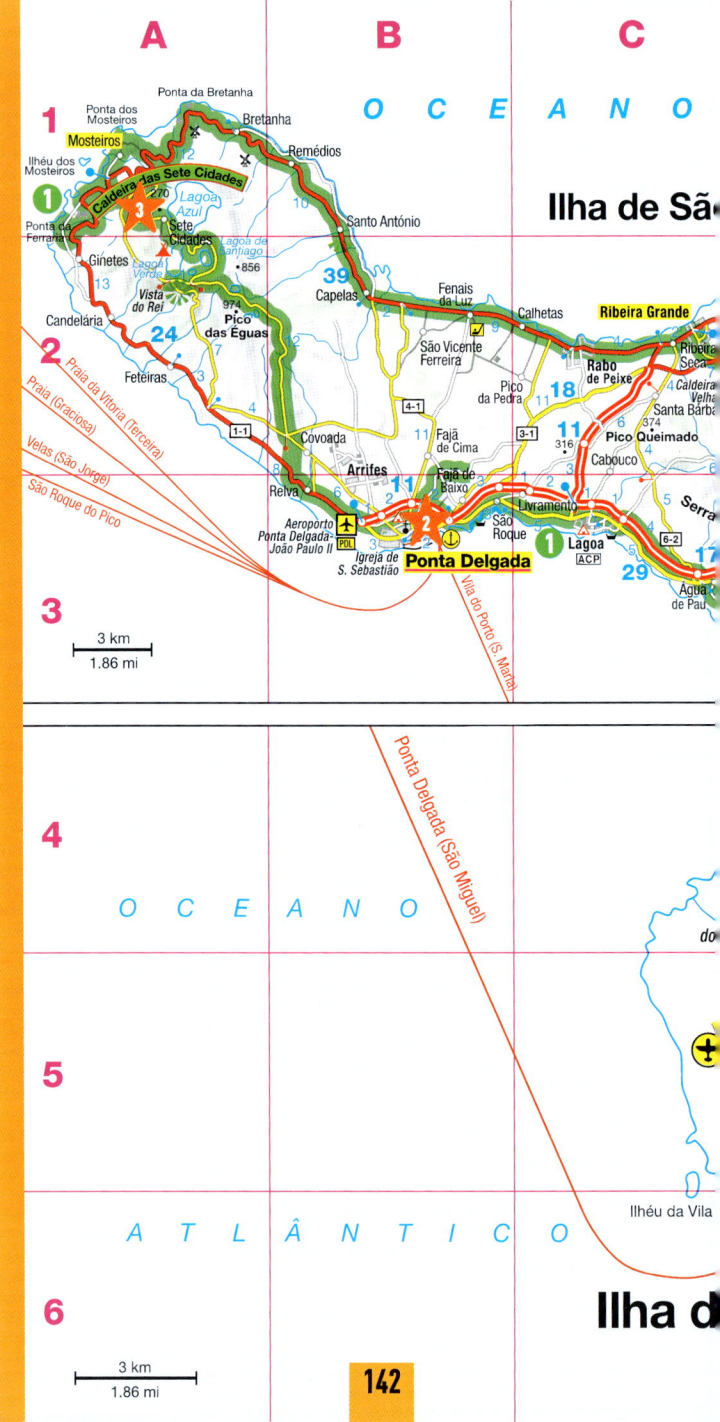

A   B   C

1

Ponta da Bretanha
Ponta dos
Mosteiros
Mosteiros
Bretanha
Ilhéu dos
Mosteiros
1
Remédios
Caldeira das Sete Cidades
3
Lagoa
Azul
Ponta da
Ferraria
Sete
Cidades
Lagoa de
Santiago
Santo António
10
Ginetes
Lagoa
Verde
•856
Vista
do Rei
39
Capelas
Fenais
da Luz
Calhetas
Candelária
24
974
Pico
das Éguas
São Vicente
Ferreira
Rabo
de Peixe
Fetéiras
Pico
da Pedra
18
11
13

O C E A N O

Ilha de Sã

Ribeira Grande

Ribeira
Seca
Caldeira de
Santa Bárba

2

Praia da Vitoria (Terceira)
Praia (Graciosa)
Velas (São Jorge)
São Roque do Pico

4-1
1-1
Cóvoada
Fajã
de Cima
11
3-1
11
316
374
Pico Queimado
Cabouco
Arrifes
Fajã de
Baixo
Relva
6
Aeroporto
Ponta Delgada-
João Paulo II
POL
2
São
Roque
Livramento
1 Lagoa
ACP
Serra
6-2
17
Igreja de
S. Sebastião
Ponta Delgada
29
Água
de Pau

3

3 km
1.86 mi

Vila do Porto (S. Maria)

4

O C E A N O

Ponta Delgada (São Miguel)

do

5

✈

6

A T L Â N T I C O

Ilhéu da Vila

Ilha d

3 km
1.86 mi

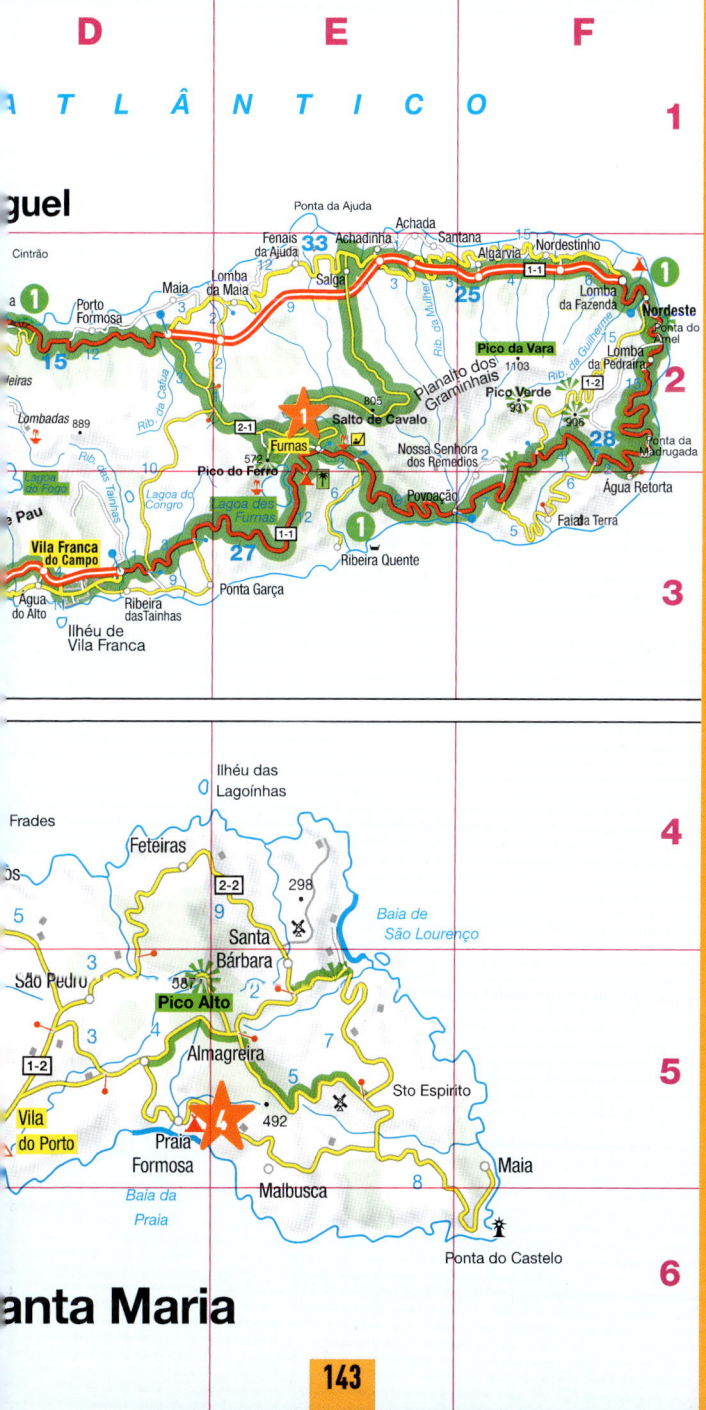

KARTENLEGENDE

German	Symbol	English
Autobahn mit Anschlussstelle und Anschlussnummern	Viernheim	Motorway with junction and junction number
Autobahn in Bau mit voraussichtlichem Fertigstellungsdatum	Datum · Date	Motorway under construction with expected date of opening
Rasthaus mit Übernachtung · Raststätte	Kassel	Hotel, motel · Restaurant
Kiosk · Tankstelle		Snackbar · Filling-station
Autohof · Parkplatz mit WC		Truckstop · Parking place with WC
Autobahn-Gebührenstelle		Toll station
Autobahnähnliche Schnellstraße		Dual carriageway with motorway characteristics
Fernverkehrsstraße		Trunk road
Verbindungsstraße		Main road
Nebenstraßen		Secondary roads
Fahrweg · Fußweg		Carriageway · Footpath
Gebührenpflichtige Straße		Toll road
Straße für Kraftfahrzeuge gesperrt	X X X X X	Road closed for motor vehicles
Straße für Wohnanhänger gesperrt		Road closed for caravans
Straße für Wohnanhänger nicht empfehlenswert		Road not recommended for caravans
Autofähre · Autozug-Terminal		Car ferry · Autorail station
Hauptbahn · Bahnhof · Tunnel		Main line railway · Station · Tunnel
Besonders sehenswertes kulturelles Objekt	Neuschwanstein	Cultural site of particular interest
Besonders sehenswertes landschaftliches Objekt	Breitachklamm	Landscape of particular interest
MARCO POLO Erlebnistour 1		MARCO POLO Discovery Tour 1
MARCO POLO Erlebnistouren		MARCO POLO Discovery Tours
MARCO POLO Highlight		MARCO POLO Highlight
Landschaftlich schöne Strecke		Route with beautiful scenery
Touristenstraße	Hanse-Route	Tourist route
Museumseisenbahn		Tourist train
Kirche, Kapelle · Kirchenruine Kloster · Klosterruine		Church, chapel · Church ruin Monastery · Monastery ruin
Schloss, Burg · Burgruine Turm · Funk-, Fernsehturm		Palace, castle · Castle ruin Tower · Radio or TV tower
Leuchtturm · Windmühle Denkmal · Soldatenfriedhof		Lighthouse · Windmill Monument · Military cemetery
Ruine, frühgeschichtliche Stätte · Höhle Hotel, Gasthaus, Berghütte · Heilbad		Archaeological excavation, ruins · Cave Hotel, inn, refuge · Spa
Campingplatz · Jugendherberge Schwimmbad, Erlebnisbad, Strandbad · Golfplatz		Camping site · Youth hostel Swimming pool, leisure pool, beach · Golf-course
Botanischer Garten, sehenswerter Park · Zoologischer Garten		Botanical gardens, interesting park · Zoological garden
Bedeutendes Bauwerk · Bedeutendes Areal		Important building · Important area
Verkehrsflughafen · Regionalflughafen		Airport · Regional airport
Flugplatz · Segelflugplatz		Airfield · Gliding site
Boots- und Jachthafen		Marina

FÜR IHRE NÄCHSTE REISE ...

ALLE **MARCO POLO** REISEFÜHRER

Viele MARCO POLO Reiseführer gibt es auch als eBook – und es kommen ständig neue dazu!
Checken Sie das aktuelle Angebot einfach auf: www.marcopolo.de/e-books

REGISTER

Hier finden Sie alle in diesem Reiseführer erwähnten Orte und Ausflugsziele. Gefettete Seitenzahlen verweisen auf den Haupteintrag.

SCHREIBEN SIE UNS!

Egal, was Ihnen Tolles im Urlaub begegnet oder Ihnen auf der Seele brennt, lassen Sie es uns wissen! Ob Lob, Kritik oder Ihr ganz persönlicher Tipp – die MARCO POLO Redaktion freut sich auf Ihre Infos.
Wir setzen alles dran, Ihnen möglichst aktuelle Informationen mit auf die Reise zu geben. Dennoch schleichen sich manchmal Fehler ein – trotz gründlicher Recherche unserer Autoren/innen. Sie haben sicherlich Verständnis, dass der Verlag dafür keine Haftung übernehmen kann.

MARCO POLO Redaktion
MAIRDUMONT
Postfach 31 51
73751 Ostfildern
info@marcopolo.de

IMPRESSUM
Titelbild: Lagoa Azul, Caldera Sete Cidades (Look: H. Dressler)
Fotos: Getty Images: alexandraribeiro (118), R. Almeida (10), F. R. Fernandez (6), M. Harrington (3), V. Jacinto (28 r.), W. Kaehler (84), W. Van Steen (20/21); Getty Images/Look: T. Stankiewicz (56); Getty Images/PeopleImages (19 o.); Getty Images/Red Bull: D. Treml (121); Getty Images/Spaces Images (2); Getty Images/Westend61 (118/119); huber-images: R. Gerth (7), Gräfenhain (54/55, 59, 113), L. Linder (92), Lukasseck (4 o., 17, 32/33, 34, 37, 45, 46/47, 62/63, 64, 75, 82/83, 87, 123); Laif: M. Amme (119), J. Arlt (22), A. Hub (5, 41, 53, 100, 117), A. Schumacher (79); laif/hemis.fr: B. Barbier (30/31), F. Guiziou (67, 68, 91, 107); look: H. Dressler (1 o.), D. Köster (Klappe r.), T. Stankiewicz (8, 42, 71, 76, 96); Look/age fotostock (28 l., 80); mauritius images: S. Hefele (12/13), J. Warburton-Lee/M. Abreu (4 u., 14/15, 29, 38, 50, 94/95, 99, 120, 120/121, 122 u., 134/135); mauritius images/age: G. Avila (9); mauritius images/Alamy: G. Avila (19 u., 25, 30, 31), P. Ferrão Patrício (109), R. Torres (26/27), J. Tutor (18 o.); mauritius images/Alamy/National Geographic Creative (60, 122 o.); mauritius images/CuboImages: F. Meneghetti (102/103); mauritius images/Radius Images (72); mauritius images/Tetra Images: E. Isakson (18 M.); mauritius images/Westend61: noonland (49), U. Umstätter (18 u.), C. Zappel (114/115); picture-alliance/ Arco Images (Klappe l., 11)

1. Auflage 2017
© MAIRDUMONT GmbH & Co. KG, Ostfildern
Chefredaktion: Marion Zorn
Autorin: Sara Lier; Redaktion: Petra Klose
Verlagsredaktion: Stephan Dürr, Lucas Forst-Gill, Susanne Heimburger, Nikolai Michaelis, Martin Silbermann, Kristin Wittemann
Bildredaktion: Anja Schlatterer
Kartografie Reiseatlas: © MAIRDUMONT, Ostfildern; Kartografie Faltkarte: © MAIRDUMONT, Ostfildern Gestaltung Cover, S. 1, S. 2/3, Faltkartencover: Karl Anders – Büro für Visual Stories, Hamburg; Gestaltung innen: milchhof:atelier, Berlin; Gestaltung Erlebnistouren: Susan Chaaban Dipl.-Des. (FH)
Sprachführer: in Zusammenarbeit mit Ernst Klett Sprachen GmbH, Stuttgart, Redaktion PONS Wörterbücher

BLOSS NICHT ☝

Was Sie auf den Azoren vermeiden sollten

ZUM PORTUGIESISCH-LERNEN NACH SÃO MIGUEL

Sie denken über einen Sprachurlaub nach oder möchten erste Portugiesischkenntnisse anwenden? Dann sollten Sie die Hauptinsel meiden, denn hier spricht man einen so starken Dialekt, dass selbst die Portugiesen ihn häufig nicht verstehen.

OBEN OHNE AM STRAND

An den Stränden und Felspools ist oben ohne unerwünscht, das komplett streifenfreie Sonnen ist so wie an den meisten portugiesischen Badestellen gar nicht erlaubt. Es gibt auf den Azoren keinen einzigen offiziellen FKK-Strand, der Bikini muss mit!

OHNE WANDERSCHUHE VERREISEN

Die Azoren sind einfach fantastisch zum Wandern und Naturerkunden. Doch die Wege über das kantige Vulkangestein, durch matschige Wiesen oder über schmale Kraterränder erfordern gutes Schuhwerk. Nehmen Sie also vernünftige Wanderschuhe mit, am besten mit hohem Schaft und gutem Profil.

DAS MEER UNTERSCHÄTZEN

Der Atlantik kann unberechenbar sein: Es gibt ungeahnte Strömungen, oftmals starke Brandungswellen an den Stränden und manchmal unliebsame Quallen und Seeigel. Achten Sie an den bewachten Badestellen auf die Flaggen: Bei roter Fahne dürfen Sie nicht ins Wasser, bei gelber nur mit Vorsicht, bei grüner gibt es keine Gefahr. Nehmen Sie Ihre Schnorchelausrüstung mit, in den Felsbadestellen können Sie damit nicht nur die Seeigel sehen, bevor Sie hineintreten, sondern auch zahlreiche bunte Fische!

ALS FRAU IN EINE „MÄNNER-KNEIPE" GEHEN

In vielen Dörfern gibt es kaschemmenhafte Cafés, in denen sich die Männer zum Biertrinken, Kartenspielen und Fußballgucken treffen. Ihre Frauen nehmen sie nicht mit, sie sind dort lieber unter sich. Wenn Sie als mitteleuropäische Frau hereinkommen, werden die Gespräche vermutlich verstummen, alle Blicke richten sich auf den „Eindringling". Bestimmt bekommen Sie vom Wirt trotzdem einen Kaffee, aber vielleicht hätten Sie sich im Terrassencafé am Dorfplatz wohler gefühlt.

INSELFLÜGE KURZ VOR DEM HEIMFLUG PLANEN

Stellen Sie sich vor, Sie sitzen auf Flores und Ihre Maschine nach Ponta Delgada kann wegen Sturm, Starkregen oder anderen Unwettern nicht starten. Eine durchaus realistische und gar nicht so seltene Situation auf den Azoren. Na gut, dann müssen Sie wohl noch einen Tag länger bleiben ... Blöd ist nur, wenn am nächsten Morgen Ihr Heimflug nach Frankfurt geht. Beachten Sie bei Ihrer Reiseplanung, dass Sie noch ein, zwei Puffertage auf São Miguel haben, bevor Sie nach Hause fliegen.